W9-BTB-845

FORT WORTH PUBLIC LIBRARY
3 1668 03447 5027

ESPANOL 92 BENEDICT 2005
Tornielli, Andrea
Benedicto XVI

Seminary AUG 1 9 2006

SEMINARY SOUTH BRANCH

BENEDICTO XVI

EL CUSTODIO DE LA FE

Andrea Tornielli

Benedicto XVI

El custodio de la fe

La biografía

AGUILAR

Título original: *Benedetto XVI. Il custode della fede*

Publicado originalmente por: Piemme

Traducción: María Andrea Giovinne y Tomás Serrano.

Copyright © Andrea Tornielli, 2005.

De esta edición:
D. R. © Santillana Ediciones Generales S.A. de C.V., 2005.
Av. Universidad 767, Col. del Valle
México, 03100, D.F. Teléfono (55) 54207530
www.**aguilar**.com.mx

Distribuidora y Editora Aguilar, Altea, Taurus, Alfaguara, S. A.
Calle 80 Núm. 10—23, Santafé de Bogotá, Colombia.
Santillana Ediciones Generales S.L.
Torrelaguna 60—28043, Madrid, España.
Santillana S. A.
Av. San Felipe 731, Lima, Perú.
Editorial Santillana S. A.
Av. Rómulo Gallegos, Edif. Zulia 1er. piso
Boleita Nte., 1071, Caracas, Venezuela.
Editorial Santillana Inc.
P.O. Box 19—5462 Hato Rey, 00919, San Juan, Puerto Rico.
Santillana Publishing Company Inc.
2043 N. W. 87th Avenue, 33172. Miami, Fl., E. U. A.
Ediciones Santillana S. A. (ROU)
Constitución 1889, 11800, Montevideo, Uruguay.
Aguilar, Altea, Taurus, Alfaguara, S. A.
Beazley 3860, 1437, Buenos Aires, Argentina.
Aguilar Chilena de Ediciones Ltda.
Dr. Aníbal Ariztía 1444, Providencia, Santiago de Chile.
Santillana de Costa Rica, S. A.
La Uruca, 100 mts.Oeste de Migración y Extranjería, San José, Costa Rica.

Primera edición: mayo de 2005

ISBN: 970-770-201-X
D. R. © Adaptación de cubierta: Antonio Ruano Gómez
Fotografías de portada y solapa: Reuters Photo Archive
Diseño de interiores: mancaso, servicios editoriales (mancaso@prodigy.net.mx)
Impreso en México.

Todos los derechos reservados. Esta publicación no puede ser reproducida, ni en todo ni en parte, ni registrada en o transmitida por un sistema de recuperación de información, en ninguna forma ni por ningún medio, sea mecánico, fotoquímico, electrónico, magnético, electroóptico, por fotocopia o cualquier otro, sin el permiso previo, por escrito, de la editorial.

Índice

Prefacio

La primera vez que vi a Joseph Ratzinger, el ahora Papa Benedicto XVI, fue durante un viaje de tres días a Bassano del Grappa, en octubre de 1992, en ocasión de la entrega del Premio de Cultura Católica que le otorgaron al Cardenal. En esa época, trabajaba en la publicación mensual *Trentagiorni* y, junto a Lucio Brunelli, entonces periodista de la publicación semanal *Il Sabato* (actualmente vaticanista del Tg2*), debía lograr una entrevista sobre alguno de los temas "candentes" del debate eclesiástico de entonces, ante todas las hipótesis de un nuevo concilio, Vaticano III, del cual se hablaba en aquel periodo en algunos ambientes católicos conservadores, y que tenía la intención de imponer, con una nueva reunión general de todos los obispos del mundo, un giro "restaurador" que pusiera fin a ciertos abusos e injusticias realizados en el Vaticano II. Se trataba de una pequeña caravana de periodistas que seguía, de Roma a Venecia, al Prefecto de la Congregación para la Doctrina de la Fe. Gracias a los óptimos contactos de Brunelli, logramos saber en qué avión viajaría el *Panzerkardinal*, tanto de ida como de regreso, y nos registra-

---

* Tg2 es un canal de televisión italiano de propiedad estatal. (N. del E.)

mos en el mismo vuelo con la esperanza de centrar el objetivo más fácilmente. Nos concedió una entrevista mientras esperábamos en el aeropuerto de Tessera, escala en el viaje hacia Venecia, al final de los tres días.

Sobre la hipótesis de un Vaticano III, que se volvería a lanzar algunos años después con el Cardenal Carlo Maria Martini, Ratzinger dice:

> No creo que sea el momento. Sería absolutamente prematuro porque el concilio siempre es una gran empresa que bloquea durante cierto periodo la vida normal de la Iglesia. Y no se puede realizar con demasiada frecuencia. San Basilio, ante la invitación de participar en otro Concilio de Constantinopla dijo: "No, no iré a otro, porque esos concilios sólo crean confusiones".

Lo que más me llamó la atención al tener oportunidad de seguir de cerca por primera vez al custodio de la fe a la cabeza del ex Santo Oficio, fue sobre todo su extraordinaria simplicidad y delicadeza. Para él y para su miniséquito —compuesto por el fiel secretario Joseph Clemens, un consultor y un oficial de la congregación— no se abrían las salas de espera destinadas a personas muy influyentes, que en Italia no se niegan ni siquiera a la secretaria del subsecretario, y menos aún a un príncipe de la Iglesia tan conocido en la escena internacional. No había ningún signo que hiciera pensar que hacer cola con la maleta en mano era la idea teológica al interior del pontificado de Juan Pablo II. Ratzinger viajaba vestido como hombre de la Iglesia y, al llegar a su destino, pronto reemplazó el traje negro de ordenanza que el Cardenal viste cada mañana para ir a la oficina. Todo, en verdad todo, desde su aspecto hasta sus modales o el contenido de sus intervenciones en la homilía pronunciada en Bassano, aparecía en estridente contraste con la imagen de inquisidor rígido e inflexible que cierto publicista le había dado diez años atrás: intolerante hacia la idea de que, en Roma, alguien "osase" definir todavía lo que es católico y lo que ya no lo es, lo que corresponde al depósito de la fe desde hace dos mil años de historia cristiana y lo que se aleja en cambio hasta ser negado. Se percibía de inmediato que Joseph Ratzinger no era un fundamentalista, un imperioso "restaurador". Está sumamente lejano a la imagen del inquisidor medieval que, la historia, la literatura y el cine nos han descrito falsamente. Hijo, sí, de un antiguo y buen policía de la católica Baviera que fue insensible al nazismo y a su idolatría a la raza, pero que no se mostraba como "policía" en sus actitudes. Y no sólo se trataba de su flema tan *british* y tan poco alemana, ni de su comportamiento de gentil hombre de otra época, apasionado por la música y las buenas lecturas. Lo que asombraba, sobre todo, era el acercamiento a la fe, a la esencia de la vida cristiana. No se puede comprender a Ratzinger ni su función como Prefecto de la Congregación, en un tiempo llamada "Suprema", si no es a partir de la siguiente información sobre él: "El magisterio eclesial protege la fe de los simples; de quienes no escriben libros, quienes no salen en televisión y no pueden escribir editoriales en periódicos: ésa es su tarea democrática. Debe dar voz a quienes no tienen voz".

> No son los doctos —decía en una homilía pronunciada en Mónaco en diciembre de 1979, cuando todavía no era custodio de la ortodoxia católica— quienes determinarán lo que es verdad en cuanto a la fe bautismal; más bien es la fe bautismal la que determina lo que es válido en las interpretaciones de los doctos. No son los intelectuales los que deben medir a los sencillos, sino los

sencillos los que medirán a los intelectuales. No son las explicaciones intelectuales la medida de la profesión de fe bautismal, sino que la profesión de fe bautismal, en su ingenua literalidad, es la medida de toda la teología. El bautizado, aquél que está dentro de la fe del bautismo, no necesita ser amaestrado. Ha recibido la verdad decisiva y la porta consigo con la fe misma... Finalmente, debería quedar claro también que decir que la opinión de alguno no corresponde a la doctrina de la Iglesia católica, no significa violar los derechos humanos. Cada persona debe tener el derecho de formarse y de expresar libremente su opinión. La Iglesia, con el Concilio Vaticano II, se declaró decididamente a favor de ello y sigue con esa misma postura en la actualidad. Sin embargo, eso no significa que cada opinión externa deba reconocerse como católica. Cada persona debe expresarse como quiera y como pueda frente a su propia conciencia. La Iglesia debe decir a sus fieles cuáles opiniones corresponden a su fe y cuáles no. Ése es un derecho y un deber suyo, siempre y cuando el sí, siga siendo sí, y el no, siga siendo no, y se preserve la claridad que ella le debe a sus fieles y al mundo.

En esas palabras, según creo, se encuentra la clave de la lectura más exacta para intentar trazar un perfil del teólogo y Cardenal Joseph Ratzinger, quien sorprendentemente se ha convertido en el sucesor de Juan Pablo II con el nombre de Benedicto XVI. Hace unos años, el futuro Pontífice, en un libro-entrevista con el periodista Peter Seewald, había confesado: “Consciente de mi falta de adecuación siempre tengo presente la perspectiva de un juicio final”, y agregó que un consuelo proviene “de la certeza de que la grandeza de Dios es mucho mayor que mi debilidad”. Ratzinger pronunció esas palabras humildes al momento de su primer encuentro con la multitud en la Plaza de San Pedro, a mediodía del martes 19 de abril de 2005.

Lo que someto a la benevolencia del lector es un recorrido que, obviamente, no tiene ninguna pretensión de totalidad, ni desde el punto de vista biográfico en sentido estricto, ni mucho menos desde el punto de vista del análisis de los pensamientos del protagonista del libro. Ratzinger mismo ayudó en lo que concierne al primer aspecto, con una interesante autobiografía publicada en Italia en 1997 (*La mia vita*), que narra el transcurso desde la infancia hasta la nominación como Arzobispo de Mónaco y Frisinga. Se trata de un texto interesante que debe consultar cualquiera que desee conocer a Ratzinger como Cardenal. En el primer capítulo de este libro, dedicado a la infancia y a la juventud, a los estudios teológicos de Ratzinger, la autobiografía fue el punto de referencia constante y obligado. En cuanto al segundo aspecto, tal vez la mejor síntesis del pensamiento teológico del Cardenal de Baviera se haya inscrita en el estudio del sacerdote dominico inglés Aidan Nichols, autor de un volumen titulado *Joseph Ratzinger*. Quien quiera leer, no sólo documentos oficiales sino también homilías y conferencias del Cardenal, puede aprovechar la consulta de un sitio de internet completamente dedicado a él (www.ratzinger.it) de donde se pueden obtener textos en varias lenguas.

Al no tener, en tan pocas páginas, ninguna ambición de totalidad, he buscado realizar un recorrido que tuviera en cuenta la producción científica de Ratzinger, sus libros-entrevista, sus intervenciones y, obviamente, los principales documentos publicados por la Congregación para la Doctrina de la Fe durante este largo año de servicio. Y noto que los documentos del ex Santo Oficio no son en sí documentos de su prefecto. En algunas declaraciones se intuye con mayor evidencia la impronta de Ratzinger, en otras emerge más claramente el trabajo en equipo, la mente y la pluma de tal o cual colaborador. Una vez hecha esta distinción obligada, agrego sin embargo que, en el fondo, todo cuanto sale de la oficina de la congregación ha tenido la supervisión, aprobación y firma de Ratzinger, aunque no es poco adecuado seguir el transcurso de los años romanos a partir de esa producción, en ocasiones motivo de polémicas, diatribas, ataques, llamadas. El lector que tenga la paciencia de llegar a la segunda mitad del libro, se dará cuenta de que no están reportados todos los casos de intervención del ex Santo Oficio en reclamo a este o aquel teólogo juzgado —en alguna de sus publicaciones o afirmaciones— por contravenir la doctrina católica: se hace referencia solamente a casos deslumbrantes y en algún modo ejemplares, como el de fray Leonardo Boff, mediante el cual es posible sintetizar toda la batalla del Vaticano en contra de la Teología de la Liberación que había incluido el análisis y la categoría marxista, o el del padre Curran, ejemplo de un cierto relativismo en materia de moral enseñado en la catedral de la Universidad Católica. Otros casos más recientes y a su modo glamorosos, como el del jesuita Anthony de Mello o el de los teólogos cercanos al mundo y a la espiritualidad asiática, como Jacques Dupuis, no han sido descritos.

Del todo consciente de los límites que tiene esta publicación frente a la dificultad para sintetizar la figura tan rica e interesante del nuevo Papa, un protagonista de quien hasta los adversarios acérrimos siempre han reconocido un excepcional nivel intelectual y una gran preparación, espero contribuir, al menos un poco, a darlo a conocer, sobre todo a quienes sólo se han acercado a él mediante algunos titulares de periódicos.

Andrea Tornielli

I

Habemus Papam

El Prefecto de la Fe se convierte en Benedicto XVI

El martes 19 de abril, después de sólo cuatro escrutinios, como ocurrió en agosto de 1978 con Albino Luciani, el cónclave eligió al nuevo Papa, el sucesor de Juan Pablo II. Ciento quince cardenales provenientes de los cinco continentes han designado en un tiempo muy breve al Obispo de Roma: Joseph Ratzinger, de 78 años, quien durante casi un cuarto de siglo fue el Prefecto de la Congregación para la Doctrina de la Fe en la curia de Wojtyla. La rapidez de la elección ha desmentido los pronósticos: se esperaba que la candidatura de Ratzinger fuera atacada por muchos cardenales, dispuestos a bloquear su elección. En cambio, los cardenales lanzaron a la Iglesia y al mundo una señal de gran unidad, eligiendo con rapidez al sucesor número 264 de Pedro. Han elegido a un Papa anciano, "de transición" —pero la historia enseña que las transiciones a veces están cargadas de sorpresa, como prueba el caso de Juan XXIII, electo a los 77 años—, capaz de guiar la barca de Pedro en una época difícil, en la cual la fe se ve amenazada.

Ratzinger ha elegido el nombre de Benedicto, patrono de Europa, el monje que hizo renacer la civilidad en el Viejo Continente. Ratzinger, que pocas semanas antes de la elección, al estar escribiendo el texto del Vía Crucis, habló sobre la "porquería" que se encuentra en la Iglesia, podrá ser un gran Papa reformador. Como se verá en las páginas siguientes, muchas de las ideas que ha expresado en el transcurso de los años son realmente distintas al cliché del conservador o del inquisidor que le han endosado.

Pero antes de iniciar la narración de la vida del nuevo Papa, es necesario detenerse un instante en la última fase de la vida y del pontificado de Juan Pablo II.

El final de Wojtyla

Juan Pablo II, el gran Papa eslavo, electo sorpresivamente a mediodía del lunes 16 de octubre de 1978, el "atleta de Dios", el "trotamundos" de la fe, el infatigable anunciador del Evangelio por los caminos del mundo, parecía que no moriría nunca. Aunque el mal de Parkinson le devastara el cuerpo y le hiciera difícil articular palabra, aunque la operación de cadera malograda, primero le hubiera impedido caminar normalmente y sin seguridad, y luego lo hubiera confinado a una silla de ruedas, su figura de anciano enfermo pero sumamente tenaz se hizo tan familiar y cercana para el mundo que nadie quería creer en su inminente desaparición. Desde casi 27 años atrás, él era "el Papa". Un Papa muy poco clerical en sus movimientos, muy capaz de echar por tierra el protocolo y que sabía conquistar la simpatía de las masas. Durante su pontificado, la Iglesia católica atravesó un periodo de cambios históricos fundamentales: once años después de la elección del primer Papa proveniente del este, del este de la cortina de hierro, cayó el muro de Berlín. El mundo bipolar y dividido, el mundo de los bloques contrapuestos y de la Guerra Fría, había cambiado de rostro por completo. El coloso comunista había explotado, se había colapsado violentamente sin derramamiento de sangre, sin revoluciones, sin guerra sangrienta. Karol Wojtyla había dado su contribución personal a todo esto: una contribución de sufrimiento, más que nada, pues el 13 de mayo de 1981, aniversario de la aparición de la Virgen de Fátima, fue atacado en la Plaza de San Pedro y casi murió a causa de la bala disparada por la Browning calibre 38 del joven extremista turco Ali Agca. En la visión mística de la historia que pertenece a Wojtyla, una mano materna, la de María, había desviado la bala y había hecho que el joven pontífice electo un par de años antes se detuviera en los umbrales de la muerte. Al revelar el tercer secreto de Fátima, el texto redactado por Lucía dos Santos, la última sobreviviente de los tres pastores que vieron a la Virgen, custodiado en los archivos del Santo Oficio por decenios, Juan Pablo II en el año 2000 se había identificado con la protagonista de esta dramática visión profética: él era el "Obispo vestido de blanco" que atravesando la ciudad semidestruida y pasando a través de una pila de cuerpos de mártires sufría él mismo un martirio en la cima de un monte, atacado por el fuego de los fusiles y de las pistolas. Cierto, a él, a Wojtyla, no lo mataban. Pero no lo mataban gracias a las oraciones, gracias a la intervención de la Madre de Dios, bajo cuya protección, huérfano de madre desde temprana edad, había encomendado toda su vida de sacerdote, Obispo y Papa, eligiendo como su motivo una frase de Grignon de Monfort: "Totus tuus" ("Todo tuyo soy, oh María"). Aquel atentado el Papa lo veía inserto en el misterio de Fátima y en el largo y, en ocasiones, silencioso rosario de mártires que había atravesado el siglo XIX.

> Pienso que el atentado —escribió Juan Pablo II en su último libro, *Memoria e identità*, publicado en edición de bolsillo la semana anterior a su muerte—, fue una de las últimas convulsiones de las ideologías prepotentes desencadenadas en el siglo XX. El sufrimiento fue práctica del fascismo y del nazismo, así como del comunismo.

El anciano pontífice había alcanzado el final de la vida para decir por primera vez de manera tan explícita de dónde creía que había venido el atentado a su persona.

Sin embargo, el Papa místico, después de haber cerrado la época de la contraposición de los bloques, no había visto una época distinta, nueva y prometedora que, no obstante, se habría revelado no menos difícil y trágica. El comunismo había caído, pero quizás en los países liberados de aquel yugo opresivo y gris no había renacido la fe; en cambio, había vuelto a triunfar el consumismo y la gente había empobrecido. El final del imperio soviético, acelerado quizá demasiado con la disposición de Mijaíl Gorvachov, no había llevado a una era de estabilidad. En cambio, había terminado por llevar la guerra —y la guerra étnica fratricida— al corazón mismo de Europa. Ahora el mundo se había vuelto unipolar y la voz de Juan Pablo II, tan aclamada cuando predicaba la lucha contra el comunismo, y cuando se encontraba alejado de Estados Unidos, cuyo presidente era Ronald Reagan, se levantaba para pedir que no se desencadenara una guerra contra el Irak del dictador Saddam Hussein, que en el verano de 1990 había invadido Kuwait. La guerra se hizo de todas formas. Luego comenzó la de la ex Yugoslavia, terrible, larga, acompañada de episodios de violencia bestial que oponían al pueblo contra el pueblo, después del régimen de Tito. Mientras, en África, en el África olvidada por todos, se consumó uno de los genocidios más terroríficos de la historia, el de Ruanda. Muchas veces la voz de Juan Pablo II permaneció sin ser escuchada.

Luego, con la llegada del año 2000 y del Jubileo, el mundo parecía dirigirse hacia una era de paz. Sin embargo, el 11 de septiembre de 2001, el atentado contra Estados Unidos, por parte del terrorista Bin Laden, hizo que la humanidad volviera a caer en el abismo del miedo. Y el Papa, que había puesto límites al comunismo, que había buscado reconstruir la legalidad internacional reforzando el papel de las Naciones Unidas, se encontraba nuevamente en el frente, combatiendo contra un enemigo infiel, engañoso, no bien identificado: el fanatismo religioso, el odio y la violencia bestial practicados en nombre de un credo religioso. Karol Wojtyla había buscado con todas sus fuerzas, ahora frágil y consumido por la enfermedad, quitarle el fundamento teológico a esa absurda idea. Había convocado en Asís, en 2002, a una nueva reunión interreligiosa, había gritado con todo el aire que le quedaba en los pulmones que no se puede y no se debe nunca justificar el odio y la violencia usando, blasfemando así, el nombre de Dios. Sin embargo, este Papa, en primera línea en el combate contra el terrorismo, supo gritar con mucho valor su "no" a la guerra, cuando en los primeros meses de 2003 una alianza angloamericana decidió hacerle la guerra al Irak de Saddam. El mundo se había vuelto aún más inestable y la amenaza terrorista parecía justificar cualquier guerra, hasta la "preventiva", surgida de la mente de los estrategas de la Casa Blanca donde se encontraba George Bush Jr.

Juan Pablo II había vivdo esos cambios siendo el mismo. "El problema que ha dominado al pontificado es el del anuncio y la defensa de la fe y la moral cristiana", escribió en *La Civiltà Cattolica*, destacada revista de los jesuitas.

> De hecho —según se ve en los editoriales publicados después de la muerte de Wojtyla— su preocupación más grande fue la evangelización, que quiso "nueva" en forma y en método, pero fiel a la tradición apostólica y a la enseñanza del Concilio, en particular del Concilio Vaticano II. Con sus innumerables viajes apostólicos —que fueron una característica de su pontificado— el Papa no sólo intentó anunciar el Evangelio a todos los hombres, sino que quiso animar a las iglesias locales a hacer una obra de evangelización, incluso en las situaciones difíciles en las que se vive, en cuanto a la posibilidad misma de anunciar el Evangelio sin ser acusados de proselitismo o de combatir las religiones tradicionales de cualquier país.

La Civiltà Cattolica continúa:

> Buscando pues disipar dudas e inseguridades sobre la verdad de la fe y de la moral cristiana, ha publicado el *Catecismo de la Iglesia Católica* (11 de octubre de 1992) como "norma segura para la enseñanza de la fe". Particular empeño puso el Papa —en un tiempo de relativismo religioso— en la defensa de la unicidad y de la universalidad de Cristo, el Verbo de Dios, encarnado, muerto y resucitado, para la salvación de todos los hombres. Así, en la declaración *Dominus Iesus* (2000) de la Congregación para la Doctrina de la Fe se dice que Cristo es el único y universal salvador de todos los hombres, en concordancia con cuanto había declarado en la encíclica *Redemptoris missio* (1991).

Juan Pablo II transformó la Iglesia, llevándola de la crisis posterior al concilio y llenándola de un nuevo ímpetu misionero. No se había limitado, había mostrado el camino. Anunció a Jesucristo en todo lugar de la tierra. Y sobre todo mostró que el cristiano no siente a nadie como enemigo. Tendió puentes en una época en la cual se alzaban muros. Enseñó el diálogo y el encuentro con quien tiene un credo distinto. Fue el primer Papa, después de Pedro, en visitar una sinagoga, en Roma en 1986. Entró, como primer Papa de la historia, en una mezquita, en Damasco en 2001. Era un hombre de Dios, un hombre de oración, totalmente inmerso en la historia pues estaba totalmente inmerso en Dios.

Este Papa Magno, a quien la gente quisiera ver en los altares sin esperar las pruebas canónicas, estaba envejecido, tremendamente envejecido, pero siguió viajando hasta el final, presidiendo ceremonias, realizando sus innumerables actividades. Parecía que Juan Pablo II nunca iba a morir. Era "el Papa", el único que habían conocido generaciones de jóvenes, con quienes él había querido estar especialmente cerca a través de las Jornadas Mundiales de la Juventud.

Un cónclave previo de más de un decenio

Es cierto que del cónclave que se abriría el 18 de abril de 2005, en la Iglesia se hablaba por lo menos desde trece años atrás, desde cuando Karol Wojtyla, después de un anuncio conmovedor, transparente y sorprendente, —hecho en el Ángelus de un tranquilo domingo de julio de 1992—, había revelado a los fieles de Roma y del mundo que debió dejar que lo llevaran al Policlínico Gemelli para unos "estudios". "Quiero hacerles una confidencia...", le dijo a la gente que lo aclamaba en la plaza, revelando el problema inmediato de aquella tarde. Juan Pablo II tenía un tumor grande en el intestino. Un tumor benigno, gracias a Dios, que le extrajeron unos días después de ese anuncio. Sin embargo, la enfermedad del Papa ahora parecía el inicio del fin. En la Curia Romana se habían difundido rumores alarmantes sobre la salud del pontífice. Y los cardenales habían empezado a hablar entre sí de la identidad del sucesor.

El cónclave de abril de 2005 se abrió, como debate, en la Iglesia en 1992, con protagonistas del todo distintos a los actuales y candidatos con las características para ser elegidos Papa que hoy tienen varios años de haber muerto, que viven en retiros o que están en la última fase de su vida. Basta pensar que 59 de los 115 cardenales que entraron en ese cónclave habían sido "creados" por el Papa Wojtyla en las últimas dos asambleas, la de 2001 y la de 2003.

La longevidad de Juan Pablo II y de su fecundo pontificado ha determinado la salida de la escena del grupo de candidatos a la sucesión. Desde hacía trece años, adivinar el nombre del futuro Papa se había convertido en el deporte preferido. Desde entonces había empezado a circular un nutrido abanico de nombres y se comenzaba a trazar la identidad del nuevo pontífice. No debía ser "demasiado joven": la edad justa —se susurraba— era de alrededor de 70 años y mejor si era italiano. Además del omnipresente Carlo Maria Martini, ahora Arzobispo de Milán, abanderado del ecumenismo, con quien se auguraba un giro progresista en la Iglesia, figura de relieve para la revolución en el Sagrado Colegio y en la Iglesia italiana, estaban los nombres de otros cardenales. Silvano Piovanelli, ahora estimadísimo Arzobispo de Florencia, con gran sensibilidad pastoral; Pío Laghi, ahora Prefecto de la Congregación para la Educación Católica después de una vida entera en el servicio diplomático; Achille Silvestrini, gran eminencia de la curia, ahora Prefecto de la Congregación de la Iglesia Oriental; Giovanni Saldarini, ahora autoridad pastoral de la Iglesia de Torino, de origen ambrosiano. Circulaba con insistencia también algún nombre extranjero, en el caso de que ninguno de los italianos hubiera obtenido el quórum necesario. Mientras en la Curia Romana se difundían voces descontroladas —y falsas— sobre la gravedad de la enfermedad del Papa —el tumor maligno no era tal, la fractura sucesiva de la cadera se consideraba como el indicio de metástasis ósea—, fue el Cardenal Silvestrini, entrevistado por el semanario *Newsweek* en 1993, quien "reveló" que el Papa estaba viviendo "el último capítulo de su existencia". Y quien indicó, en otra intervención, la posibilidad de que hubiera un pontífice latinoamericano o africano. La salida del Cardenal fue publicada en la revista de geopolítica *Limes* y se interpretaba como una señal favorable para la candidatura del ahora Arzobispo de San Salvador de Bahía, el brasileño Lucas Moreira Neves, prelado latinoamericano que conservaba en el rostro la innegable huella de los lejanos orígenes africanos de su familia. Moreira Neves hablaba de manera óptima el italiano (requisito fundamental para que alguien pueda ser elegido Papa) y conocía muy bien la Curia y la Diócesis de Roma. Dominico, había estado mucho tiempo en la capital y había cubierto el cargo de secretario de la Congregación de Obispos, bajo la prefectura del Cardenal Sebastiano Baggio, primero, y de Bernardin Gantin, después. Monseñor Moreira no había regresado a Brasil por su voluntad; el Papa no le había dejado alternativa. Luego, ya como Cardenal, lo habían reclamado en el Vaticano para cubrir el cargo de prefecto de la "fábrica de los obispos".

Más apartado en las clasificaciones de la época, se encontraba en cambio el nombre de otro latinoamericano, el argentino Eduardo Pironio, joven candidato de la bandera de los progresistas en el cónclave de 1978, paladín de los derechos humanos en su país gobernado por la dictadura, ya lo habían reclamado en Roma con Paulo VI quien temía por su carácter indemne. Pironio, en 1993, guiaba el concilio pontificio para los laicos. Esos cardenales se encontraron ocultos en los años sucesivos y Juan Pablo II celebró a tiempo las exequias de sus sucesores virtuales.

En cambio, hay que tomar por buena la indicación dada en aquel periodo por el filósofo francés Jean Guitton, de que el sucesor perfecto de Wojtyla podía llegar de África. Y como el primero, y con mayor autoridad de los candidatos, estaba Bernardin Gantin, de Benin, desde muchísimos años atrás. Un puesto de clasificación también lo tenía el hombre de las misiones imposibles del Papa Wojtyla, el Cardenal francés Roger Etchegaray.

"Se necesita un pontífice ya maduro, que quizá viaje un poco menos y que busque meter mano en la reforma de la curia", susurraban los bien informados. En suma, un pontificado casi "de transición" con una duración de ocho, máximo diez años. Además de la poca sagacidad de los promotores del pontificado "de transición", la historia reciente enseña cómo puede haber transiciones inesperadamente revolucionarias, como en el caso de Juan XXIII, electo a los 77 años, y quien en sus cinco años de papado abrió un concilio; lo que puso en posición desfavorable a los *bookmakers* y *popemakers* fue la excepcional fuerza física y la inusitada tenacidad de Wojtyla. Después de la operación de 1992, el Papa volvía con frecuencia a la mesa de operaciones, para reajustar primero la espalda y después la cadera, rota luego de una caída, y en

1996 por una apendicitis. El Parkinson avanzaba lentamente, las dificultades motrices aumentaban, en el rostro de Juan Pablo II se leían los signos del sufrimiento y de los medicamentos. Pero todos esos candidatos habían acabado fuera del juego uno después de otro, aunque se publicaron artículos y libros que hacían hipótesis sobre su acceso al papado.

El vaticanista del *Sole 24Ore*, Giancarlo Zizola, por ejemplo, de 1992 hasta la fecha ha escrito dos extensos volúmenes exclusivamente dedicados al argumento: *Il conclave* —donde hacía hipótesis sobre la elección del nuevo Papa en 1994— e *Il successore* —publicado primero en Francia y luego en Italia—. Para no hablar del famoso reportero Peter Hebblethwaite, autor de una biografía del Papa Juan, que en 1995 había entregado a la imprenta un libro titulado *The Next Pope*, pero que se había alejado poco a poco, mientras Wojtyla continuaba reinando felizmente.

En suma, después del frenesí de mediados de los años noventa, los príncipes de la Iglesia que se preparaban para el cónclave debieron atender la evidencia: Juan Pablo II de verdad tenía la posibilidad de "introducir a la Iglesia al tercer milenio", como lo había profetizado el Cardenal Stefan Wyszynski, primado de Polonia, el día de la elección. Las asambleas para la creación de los nuevos cardenales se sucedieron: 1994, 1998, 2001, 2003; la geografía de los cardenales del sacro colegio y, en consecuencia, de los electores del nuevo Papa, se había alejado poco a poco respecto de la que se diseñó a mediados de los años noventa. El largo precónclave veía extinguirse poco a poco las esperanzas de los candidatos a Papa o de los *popemakers* mientras él, el pontífice, seguía en su puesto.

El "frenesí del cónclave" se alejó con la proximidad del año 2000. Algunos de los grandes protagonistas habían sido "pensionados" por sus curias y las conjeturas sobre las "graves enfermedades" del Papa habían demostrado ser del todo infundadas. Sin importar las negaciones del Vaticano —en 1994 el jesuita español, padre Pedro Lamet, reveló que Juan Pablo II estaba consumiendo medicamentos contra el mal de Parkinson, lo cual fue secamente desmentido por el director de la Sala Stampa de la Santa Sede, el español, Joaquín Navarro-Valls—, la única molestia seria del pontífice era la lenta y progresiva enfermedad neurológica que lo invalidaba y que había iniciado con el frágil temblor de la mano izquierda y luego, lentamente, había entorpecido sus movimientos. El Parkinson del Papa se había descubierto a finales de los años ochenta. No obstante, Juan Pablo II siguió al frente de la Iglesia durante otros quince años y cumplió con su último viaje al extranjero (Lourdes, en agosto de 2004) y a Italia (Loreto, en septiembre de 2004) seis meses antes de morir. "Que María le conceda al mundo el anhelado don de la paz... Que cada hombre vea en el otro no a un enemigo al cual combatir sino a un hermano a quien amar." Así había orado Juan Pablo II el 14 de agosto en Lourdes, en su última peregrinación fuera de Italia. El anciano Papa, como todos los peregrinos, oró frente a la gruta de Massabielle, bebió el agua de la fuente bendita, rezó el rosario y participó en la conmemoración de los 150 años de la proclamación del dogma de la Inmaculada Concepción de María.

Desde ese lugar, que las apariciones de 1858 volvieron famoso y donde se concentran las oraciones, las esperanzas y las expectativas de muchos fieles, Juan Pablo II lanzó un nuevo llamado para la paz en el mundo, un llamado dirigido sobre todo a la Virgen, "reina de la paz". Después de haber orado a María con las palabras: "Enséñanos a vivir y a difundir el amor de Cristo, a sostener con tu apoyo las innumerables cruces sobre las cuales tu hijo es crucificado en estos tiempos", el Papa había dejado la incierta situación del mundo bajo la protección de la Virgen.

> Les pido, queridos hermanos —había dicho— una intención particular para la oración de esta tarde: invoquen conmigo a la Virgen María para que otorgue al mundo el anhelado don de la paz. Que florezcan en el ánimo —añade— sentimientos de perdón y hermandad. Que se depongan las armas y que desaparezcan el odio y la violencia de los corazones. Que cada hombre —agregó el Papa con un hilo de voz— vea en el otro no a un enemigo a quien combatir, sino a un hermano a quien acoger y amar, para construir juntos un mundo mejor.

El último viaje del Papa Wojtyla

El Vía Crucis final de Juan Pablo II inicia, por sorpresa, el primero de febrero de 2005. El domingo 30 de enero, el Papa Wojtyla, en estado febril, se asoma para el Ángelus y libera dos palomas blancas junto a los chicos de la Acción Católica. Nadie se acuerda de la enfermedad del pontífice, aunque su voz es ronca y más bien baja. En esa tarde, y al otro día, tienen lugar crisis respiratorias. En el origen de los problemas del Papa se encuentra la postura (que según los especialistas es un "encorvamiento") que hace que la cabeza se encuentre echada hacia delante sobre el abdomen. Los músculos de la laringe se bloquean. La tarde del martes primero de febrero el médico personal, Renato Buzzonetti, decide internarlo de urgencia en el Policlínico Gemelli. Quienes rodeaban al Papa buscaron mantener callada la noticia durante algunas horas, la cual, en cambio, como era obvio, corrió inmediatamente. La situación es crítica, pero el equipo médico logra resolverla sin entubar al paciente ni practicarle la traqueotomía. El domingo 6 de febrero, el Papa se asoma a una de las ventanas del departamento en el décimo piso del hospital romano para la oración del Ángelus. Wojtyla parece recuperarse con rapidez. La fiebre cede, los fármacos le permiten superar la crisis. Juan Pablo II insiste en regresar cuanto antes al Vaticano, y el jueves 10 los médicos lo dan de alta. Abandona el Gamelli a bordo del "papamóvil".

El domingo 13 el Papa se asoma por la ventana de su estudio y deja al sustituto de la Secretaría de Estado, el Arzobispo argentino Leonardo Sandri, la tarea de leer su mensaje y el llamado por la liberación de la periodista del diario *Manifesto,* Giuliana Sgrena, cautiva en Irak. Sin embargo, luego pronuncia las palabras de la bendición apostólica y les desea a todos "buen domingo". Una semana después, Wojtyla lee el texto del mensaje. Todo parece haber pasado. Pero en realidad el Papa no se encuentra bien. Ha sufrido una recaída de influenza y, sobre todo, han regresado las crisis respiratorias. La mañana del jueves 24 de febrero Wojtyla es internado nuevamente de urgencia en Gemelli. El pontífice no hubiera querido dejar el Vaticano por segunda vez. Sus colaboradores más cercanos deben insistir mucho para convencerlo.

> Es el momento de las decisiones difíciles —cuenta el profesor Rodolfo Proietti, responsable del equipo que atiende al pontífice— la traqueotomía se vuelve indispensable; es necesario proteger las vías respiratorias. La elección es compartida por todos los médicos. Tengo el deber de comunicarle al Santo Padre nuestra decisión y de pedir su consentimiento. Me doy cuenta más que nunca de que el paciente es un enfermo muy particular y advierto sobre mí una enorme responsabilidad.

> El Santo Padre es informado hasta el más mínimo detalle. Da su consentimiento ("Confío en la Providencia y en la competencia") y pregunta: "¿Podré volver a hablar?" Respondo que haremos todo lo posible. Sentiré durante varios días el peso de esa promesa.

El domingo 27 de febrero, Juan Pablo II vuelve a aparecer tras el vidrio de la ventana del décimo piso del Gemelli. No habla, sólo saluda y se toca el cuello con la mano en el punto en el cual se practicó la traqueotomía y donde está inserta una cánula que le permite respirar. Lentamente, el Papa se recupera un poco. Ya respira bien gracias a la traqueotomía, hace los ejercicios para deglutir bien y para aprender a articular. Debe volver a habituarse a hablar. El 13 de marzo, en el Ángelus, llega la prueba. Desde la ventana del décimo piso Juan Pablo II se muestra al mundo entero con su bendición y el saludo: "Queridos hermanos y hermanas, gracias por su visita. *Witam Wadowice!* (que en polaco significa "¡Saludos Wadowice!") Saludos a los Legionarios de Cristo. Buen domingo a todos y buena semana". Esa misma tarde, a bordo de un auto, Juan Pablo II abandona nuevamente el hospital para regresar a casa, al Vaticano. Será la última vez. No volverá a salir de su apartamento en el Palacio Apostólico.

Una semana después del regreso se espera ver al pontífice en el Ángelus. Es Domingo de Ramos y en la Plaza de San Pedro celebra misa el Cardenal Camillo Ruini, junto a los jóvenes de Roma. El Papa se asoma, pero parece estar sufriendo, en peores condiciones respecto al Ángelus del domingo anterior, que rezó desde el Gemelli. No habla, no lee siquiera la fórmula de la bendición, se limita a bendecir con el gesto y a agitar una rama de olivo. Su aparición genera preocupación. Aunque las noticias oficiales confirman que se trata únicamente de un periodo de convalecencia, la impresión de los observadores es que se trata en cambio de una nueva fase de la enfermedad. El muy tenaz físico del "atleta de Dios", que resistió al atentado, al Parkinson, a la operación de cadera, está cediendo. Inicia el Triduo Pascual. Juan Pablo II hubiera querido estar en el Coliseo para presidir el Vía Crucis. Para ello, al formular la agenda de los ritos pascuales con la asignación de las diversas celebraciones a varios cardenales, la casilla del Vía Crucis había permanecido vacía. Pero las enfermedades del Papa no le permiten dejar el apartamento, donde es asistido las 24 horas del día por un reanimador. La solución es una trasmisión por video: Wojtyla sigue el Vía Crucis desde su capilla privada. El Centro Televisivo Vaticano, que vuelve a lanzar las imágenes transmitidas en *mondovisione*, enfoca al pontífice siempre de espaldas. En la última estación, el Papa toma con las manos temblorosas una cruz y la aprieta contra su cuerpo. La prueba, la gran prueba es el Domingo de Pascua, cuando está previsto que el pontífice se asome para impartir la bendición "Urbi et Orbi" al mundo. La meda de la mañana, en la Plaza de San Pedro, es celebrada por el Cardenal Secretario de estado Angelo Sodano. Finalmente Wojtyla aparece en la ventana. Lleva la estola, parece estar sufriendo. Su cabeza es presa de movimientos involuntarios. Al momento de dar la bendición, el Papa se esfuerza en pronunciar la fórmula latina, mientras el secretario Mietek le acerca el micrófono. Pero no logra hablar y se advierte una respiración cavernosa. Ahora es evidente para todos que la salud del Papa está declinando, aunque ninguno imagina que esté sucediendo tan rápido. El de Pascua es el último domingo de vida del pontífice. El domingo siguiente, segundo de Pascua, se celebra una fiesta a la cual Karol Wojtyla está particularmente ligado: la de la Divina Misericordia, fundada por Santa Faustina Kowalska, religiosa polaca a quien Juan Pablo II elevó a los honores del altar.

Desde el lunes del Ángelus se comienzan a difundir rumores de que volverían a internar al Pontífice en Gemelli. Desde días atrás se sabe que el Papa no logra alimentarse, que tiene dificultades para deglutir, lo cual hace que se plantee la hipótesis de una intervención quirúrgica inminente para insertar una sonda permanente en el estómago, que permita alimentar al paciente directamente, sin pasar a través de la laringe. Algunas fuentes desmienten la hipótesis de internar al pontífice, pero siguen circulando. Muchos piensan que difícilmente el Papa dejará nuevamente el Vaticano.

Así llegamos al miércoles 30 de marzo. Juan Pablo II se asoma por última vez a la ventana de su estudio, para saludar a los muchos peregrinos y turistas presentes en la Plaza de San Pedro. Wojtyla parece estar sufriendo más, su rostro está contraído en una mueca de dolor, a menudo se lleva la mano a la cabeza. Juan Pablo II saluda, mirando hacia abajo. Saluda y bendice. Como había sucedido ya cuatro años antes, el secretario acerca al Papa el micrófono para la bendición. Otra vez no logra decir nada. Aparición muda. Aparición final de un pontificado llevado siempre en contacto directo con los fieles. En la cita del Ángelus, en las apariciones por la ventana, Juan Pablo II perseveraba.

Esa misma mañana de miércoles, el director de la Sala Stampa de la Santa Sede anuncia que continúa la convalecencia del Santo Padre y que desde ese día el pontífice será alimentado con una sonda nasogástrica. No es la sonda en el estómago, sino un tubo insertado en la nariz que entra a la laringe y llega al estómago. Se trata de un método temporal, que por lo general es el preludio de la intervención definitiva —llamada Peg— de la sonda directa en el estómago. Así se confirma oficialmente la dificultad para la alimentación. Un tubo en la tráquea permite que Wojtyla respire, un tubo inserto en la nariz le permite comer. Pero ninguno imagina que la situación está por precipitarse.

El jueves 31 de marzo de 2005, mientras concelebraba la misa con el secretario, el Papa tiene escalofríos. Tiene fiebre, una fiebre alta. Un síntoma peligroso en los enfermos de Parkinson. Afuera no hay ninguna noticia.

En la tarde, poco después de las veinte horas, los vaticanistas son alertados por una llamada telefónica. En el Vaticano se difunde la noticia de que la enfermedad del Papa ha empeorado. Se habla de una grave crisis y de que se le ha administrado la unción de los enfermos. Poco antes de medianoche, Joaquín Navarro-Valls confirma: Juan Pablo II tiene fiebre alta y se ha visto afectado por una enfermedad en las vías urinarias. Pocas horas después la situación se agrava. Ahora está claro para todos que el Papa está llegando al final de su vida. La agonía de Karol Wojtyla se alarga todo el día viernes: por la tarde, en la Plaza de San Pedro, una gran multitud reza. El Arzobispo Angelo Comastri dice: "Esta tarde o esta noche Jesús le abre la puerta al Papa Juan Pablo II". Sin embargo, la agonía se prolonga hasta el día siguiente. En las primeras horas del mediodía el Papa comienza a perder el conocimiento y a las 21:37 horas del sábado 2 de abril, se extingue. Es la noticia que el mundo estaba esperando, pero a la cual no quería acostumbrarse. Casi 27 años de pontificado son un tiempo largísimo, generaciones de jóvenes crecieron conociendo únicamente al Papa Wojtyla y aunque los signos de la enfermedad siempre eran más evidentes en su cuerpo, nadie quiere creer que haya llegado el momento del último viaje.

> El Santo Padre falleció esta tarde a las 21:37 horas en su apartamento privado —se lee en la declaración de Navarro-Valls—. A las veinte horas había iniciado la celebración de la Santa Misa de la fiesta de la Divina Misericordia en el cuarto del Santo Padre, presidida por monseñor Stanislao Dziwisz con la participación del Cardenal Marian Jaworski, de monseñor Stanislaw Rylko... En el transcurso de la misa se le dio la última comunión y, una vez más, el sacramento de la unción de los enfermos. Las últimas horas del Santo Padre se caracterizaron por la oración ininterrumpida de todos los que lo asistían en el tránsito y por las plegarias de los miles de fieles reunidos durante muchas horas en la Plaza de San Pedro...

Se ha ido un gran protagonista del siglo XX, un gran pontífice. La reacción de la gente es sorprendente: millones de personas se dirigen a Roma para rendir homenaje al pontífice, expuesto el domingo 3 de abril en la Sala Clementina y luego, desde el lunes, en la Basílica de San Pedro, donde permanece hasta el día de los funerales, al viernes siguiente. La ceremonia fúnebre es un acontecimiento mundial. Los jefes de estado de todo el mundo quieren estar presentes. Es imponente la participación de los exponentes de las demás religiones. Al final de la misa fúnebre, presidida por quien en unos días habría de ser el sucesor de Wojtyla, entre la multitud de pronto se desplegaron letreros que decían: "Santo pronto".

La muerte de Juan Pablo II se convirtió en la undécima ocasión de encuentro. Los cardenales llamados a designar al sucesor se quedaron impresionados con la participación de la multitud. ¿A quién llamarían al timón de la barca de Pedro? ¿Quién podrá continuar el camino emprendido por él, con tanto valor? Ésas son las preguntas que se hacen en los días que preceden al primer cónclave del tercer milenio. Un cónclave renovado, en el cual la huella de Karol Wojtyla es muy evidente. La respuesta, como habíamos visto, llegó y es sorprendente: los cardenales han elegido un pontificado de transición, designando al Prefecto de la Congregación para la Doctrina de la Fe.

Las nuevas reglas del cónclave

Con la constitución apostólica *Universi Dominici gregis*, el Papa Wojtyla había reformado en 1996 las reglas de la elección papal interviniendo en esa materia como ya lo habían hecho sus predecesores. El Cardenal de Cracovia había sido electo al segundo día de escrutinio del cónclave, el 16 de octubre de 1978, según las normas de Paulo VI en 1976 —constitución apostólica *Romano Pontifici eligendo*—, las mismas, empleadas pocas semanas antes para la designación al pontificado de Albino Luciani, electo en tiempo récord —un día— el 26 de agosto. En aquellas dos ocasiones, los cardenales habían sufrido por la sistematización al interior del Palacio Apostólico; 111 ancianos electores eran encerrados en celdas angostas, a veces sin agua corriente, con baño compartido. En el cónclave de agosto habían padecido mucho el calor... Karol Wojtyla, que había tenido esa experiencia, decide construir en el Vaticano una residencia que se emplearía en caso de cónclave. Es la Casa Santa Marta. una especie de albergue bien arreglado, con suites y habitaciones sencillas. Moderno y dotado de todas las comodidades, el hotel de los cardenales alojará a quienes dormirán y comerán ahí mientras sigan reuniéndose en la Sixtina para votar. La nueva constitución apostólica establece ese cambio que de hecho hace decaer la clausura del cónclave: la elección del Papa ya no es *cum clave*, los electores ya no están encerrados con llave.

La otra novedad significativa tiene que ver con la abolición de la elección por aclamación o inspiración: el nombre del nuevo Obispo de Roma debe decidirse únicamente a través de un escrutinio secreto. El electo debe haber obtenido una mayoría al vacío, la mayoría absoluta de los cardenales decidió además bajar el quórum requerido a 50 por ciento más uno de los sufragios. El padre de esas nuevas reglas es monseñor Mario Francesco Pompedda, después Cardenal, experto jurista del cual Juan Pablo II se sirve para reformar las normas del cónclave. Con esas reglas fue electo Joseph Ratzinger, el sucesor de Wojtyla, el sucesor 264 de San Pedro.

La última homilía del futuro Papa

El lunes 18 de abril, pocas horas antes de que inicie formalmente el cónclave, en la Basílica vaticana se acababa de celebrar la misa *Pro eligendo Pontifice*, presidida por el Cardenal decano Joseph Ratzinger, candidato a la sucesión de Juan Pablo II. Es la tercera vez que Ratzinger tiene el privilegio de hablar en público en esos días de sede vacante. El Cardenal había hablado de custodiar la ortodoxia católica amenazada, de una fe en peligro.

> Cuántos vientos de doctrina —había dicho Ratzinger— conocimos en los últimos decenios, cuántas corrientes ideológicas, cuántos modos de pensar... La pequeña barca del pensamiento de muchos cristianos no sólo está agitada por algunas olas, sino que es lanzada de un extremo a otro: del marxismo al liberalismo, hasta llegar al libertinaje; del colectivismo al individualismo radical, del ateísmo a un vago misticismo religioso; del agnosticismo al sincretismo... Todos los días —agregó tocando un tema que ciertamente está inmerso en el debate de estos días en las Congrega-

ciones generales de los cardenales— nace una nueva sed y se realiza cuanto dice San Pablo sobre el engaño de los hombres, sobre la astucia que tiende a caer en el error. Tener una fe clara, según el credo de la Iglesia —dijo Ratzinger—, con frecuencia se interpreta como fundamentalismo. Mientras el relativismo, es decir, el dejarse llevar "por aquí y por allá con cualquier viento de doctrina", aparece como la única postura a la altura de los tiempos modernos. Se va constituyendo —advirtió— una dictadura del relativismo que no reconoce nada como definitivo y que deja como última medida sólo el propio yo y sus deseos. Nosotros, en cambio —prosigue el Cardenal decano—, tenemos otra medida: el Hijo de Dios, el verdadero hombre. Y él es la medida del verdadero humanismo. "Adulta" no es una fe que sigue las olas de la moda y de la última novedad; adulta y madura es una fe profundamente radicada en la amistad con Cristo... y esa fe es sólo la fe que crea unidad y se realiza en la caridad.

El último punto que tocó Ratzinger se refería a la misión:

Debemos estar animados —le explica a los compañeros cardenales en la Basílica de San Pedro repleta de fieles— por una santa inquietud: la inquietud de llevar a todos el don de la fe, de la amistad con Cristo. Debemos llevar un fruto que permanezca. Todos los hombres quieren dejar una huella que permanezca. Pero —se pregunta Ratzinger—, ¿qué permanece? El dinero no. Tampoco los edificios permanecen; los libros menos. Después de cierto tiempo, más o menos largo, todas esas cosas desaparecen. Lo único que permanece para siempre es el alma humana, el hombre creado por Dios para la eternidad. El fruto que permanece es cuanto hemos sembrado en las almas humanas.

La homilía del Cardenal se cerraba con una plegaria: "Después del gran don del Papa Juan Pablo II, el Señor nos dé un nuevo pastor según su corazón, un pastor que nos guíe al conocimiento de Cristo, a su amor, a la verdadera alegría".

Ésas son las luchas, las expectativas, las perspectivas enunciadas por Ratzinger al iniciar el rapidísimo cónclave que lo llevaría a la cátedra de Pedro.

II

El hijo del policía

Así describe Joseph Ratzinger, en su autobiografía,[1] las circunstancias de su nacimiento:

> Nací el 16 de abril de 1927, un Sábado Santo, en Marktl sull'Inn. En mi familia se recordaba a menudo que el día en que nací era el último de la Semana Santa y la vigilia de Pascua, tanto que fui bautizado a la mañana siguiente de mi nacimiento, con el agua recién bendita de la "noche pascual"; el bautizo se celebraba en la mañana: ser el primer bautizado del agua nueva era un importante signo premonitorio. Personalmente siempre he estado agradecido por el hecho de que, de ese modo, desde el inicio, mi vida haya estado inmersa en el misterio pascual, desde el momento en que no podía ser otra cosa que un signo de bendición. Indudablemente, no era el Domingo de Pascua sino el Sábado Santo. Y sin embargo, entre más lo pienso, más me parece una característica de nuestra existencia humana que espera la Pascua, que todavía no está en la luz llena, que se fía de ésta.

---

[1] Joseph Ratzinger *La mia vita. Ricordi* (1927 - 1977), San Paolo Edizioni, 1997, p. 6. El libro, que relata la vida de Ratzinger, desde el nacimiento hasta 1977, año de la nominación como Arzobispo de Mónaco y Frisinga, fue publicado en Alemania con el título *Aus meinem Leiben, Erinnerungen 1927-1977.*

Aquel 16 de abril la nieve era alta y el frío intenso, al punto que el hermano y la hermana mayores, Georg y Maria, no pudieron participar en la ceremonia del bautismo, para evitar enfermarse. El padre del futuro Cardenal se llama Joseph como el hijo, tiene 50 años y es policía. La madre, Maria, es ama de casa. El trabajo del padre de familia obliga a los Ratzinger a frecuentes mudanzas y traslados.

> El periodo en que mi familia se fue a Marktl sull'Inn no fue fácil —cuenta el Cardenal—, el desempleo dominaba, las indemnizaciones de guerra pesaban sobre la economía alemana, los encuentros entre partidos ponían a los hombres unos contra otros, las enfermedades acechaban a nuestra familia.

Ratzinger recuerda también que Marktl se encuentra muy cerca de Altötting, antiguo santuario mariano de la época carolingia y lugar de peregrinaje por la Baviera y Austria occidentales.

LA SOMBRA DEL NAZISMO

Dos años después del nacimiento de Joseph, la familia se establece en Tittmoning, una pequeña ciudad en Salzach, en los límites con Austria. El cuartel de policías y la residencia se encuentran en la casa más bella que da a la plaza. Ratzinger la recuerda ahora, subrayando que "el pavimento era terrible, la escalera empinada, el lugar asimétrico... Para nosotros los niños todo eso era más bien misterioso y fascinante, pero para mamá, en quien recaía el peso de las labores domésticas, era motivo de gran fatiga". El Cardenal cuenta que en otoño, en los prados alrededor de Salzach, su mamá lo acompañaba a él y a sus hermanos a recoger "cosas útiles para alguien muy querido para nosotros". Pero la sombra del nazismo comenzaba a alargarse incluso en la pequeña ciudad de la región.

> Sentíamos que nuestro sereno mundo infantil no estaba clavado en un paraíso. Detrás de las bellas fachadas se escondía mucha pobreza silenciosa. La crisis económica había afectado muy seriamente nuestra ciudad... El clima político se hacía cada vez más candente... El partido nazi tenía más fuerza y se presentaba como la única alternativa para el caos reinante. Cuando Hitler falló su tentativa de ser elegido para la presidencia del Reich, mi padre y mi madre se sintieron más aliviados, pero no sentían entusiasmo por el presidente electo Hindenburg, en quien no veían ninguna garantía segura contra el avance de los nazis. En las reuniones públicas, mi padre debía intervenir cada vez con mayor frecuencia en contra de la violencia de los nazis. Sentíamos muy claramente la enorme preocupación que pesaba sobre él y que no lograba sacudirse de la espalda ni de los pequeños gestos de todos los días.

Desventura en el estanque de las carpas

Así, a finales de 1932, después de ejercer mucha oposición contra los seguidores de Hitler, el policía emprendió de nuevo una transferencia. La familia dejó Tittmoning para ir a Aschau sull'Inn, zona campestre, con una gran fábrica de cerveza situada justo en medio de la aldea. La nueva casa es una villa con terraza, jardín, gran prado y un estanque lleno de gruesas carpas. "Una vez, mientras jugaba —recuerda el Cardenal— me acerqué para ahogarlas."

Los grandes y dramáticos hechos de la historia alemana se mezclan con aquellos personajes de la familia Ratzinger. El 30 de enero de 1933, Hindenburg le confía a Adolf Hitler el cargo de canciller del Reich.

> Se introducirá —explica el Cardenal— la *Hitlerjugend* (Juventud hitleriana) y el *Bund deutscher Mädchen* (Liga de las jóvenes alemanas), unidas a la escuela, tanto que mi hermano y mi hermana tuvieron que participar en sus manifestaciones. Mi padre sufría mucho por el hecho de tener que estar al servicio de un poder estatal, dentro del cual consideraba que había criminales, a pesar de que, gracias a Dios, su trabajo en el campo en ese momento casi no se veía afectado.

Ratzinger recuerda que en los cuatro años en que permaneció en Tittmoning el nuevo régimen se había limitado a tener bajo control a los sacerdotes que tenían una conducta "hostil al Reich". El padre policía, a su lado, ponía en guardia a quienes corrían algún peligro. El futuro Cardenal recuerda a un maestro joven que "era entusiasta respecto a las nuevas ideas" nacionalsocialistas.

> Quería intentar —cuenta— abrir una brecha en la estable compañía de la vida del campo, dividida desde los tiempos litúrgicos de la Iglesia. Con gran pompa hizo que se erigiera el árbol de mayo y compuso una especie de plegaria al símbolo de la fuerza de la vida que siempre se renueva. Ese árbol debía representar el inicio de la restauración de la religión germánica, contribuyendo a reprimir el cristianismo, denunciado como elemento alienante de la gran cultura germánica. Con la misma intención organizó la fiesta del solsticio de verano, siempre como regreso a la naturaleza santa y a los propios orígenes, y en polémica con las ideas de pecado y redención, que se nos impusieron mediante las religiones, para nosotros extrañas, de los hebreos y los romanos.

Comenta con un atisbo de amargura el Prefecto:

> Hoy, cuando veo cómo en muchas partes del mundo el cristianismo es acusado de haber destruido la cultura local, imponiendo

> valores culturales europeos, me sorprendo de lo análogos que son los argumentos empleados y cuyas expresiones retóricas me parecen tan familiares. Por fortuna —agrega el Cardenal—, esos eslógans tenían muy poca influencia en la sobria mentalidad de los campesinos de Baviera. Los chicos del campo se interesaban más por los frutos que colgaban del árbol y terminaban en las canastas de quienes se trepaban con mayor premura, que por los discursos altisonantes del maestro de escuela.

Un ejemplo de sano realismo católico poco afín a los cultos paganos propagados, y enseguida impuestos, por los nazis.

El hermano en el seminario

Joseph Ratzinger, en la narración autobiográfica de su vida hasta 1977, no habla de cariños o enamoramientos juveniles. Al ser interrogado al respecto, en ocasión de la presentación del libro, demostrando un notable sentido del humor dijo: "El editor me pidió que no rebasara las cien cuartillas".[2] Sin embargo, tampoco revela cuándo advirtió claramente la llamada al sacerdocio. Se intuye por sus palabras que se trató de un camino y de una toma de conciencia gradual, más que de una fulguración. El padre y la madre del futuro Cardenal eran cristianos de una manera profunda y simple; cada aspecto de la vida cotidiana de la familia se inscribía en el marco de la tradición católica. Dirá el Cardenal: "No sabría indicar una prueba de la verdad de la fe más convincente que la sincera y pura humanidad que la fe ha hecho madurar en mis padres y en muchas otras personas que he podido conocer."[3]

---

[2] El episodio se recuerda en un largo artículo sobre la figura de Ratzinger, escrito por Lucio Brunelli, vaticanista del Tg2, publicado en *Foglio dei rittrati* a cargo de Maurizio Crippa el 1 de octubre de 2000, titulado: "Joseph Ratzinger, un hombre de Baviera un poco retraído y (casi) progresista".

[3] Ratzinger, *La mia vita, op. cit.*, p. 95.

Lo que se nota, porque quien lo narra es el mismo interesado, es que primero el hermano Georg se convierte en monaguillo; luego, en 1935, comienza a frecuentar la escuela de Traunstein, sede del Colegio del Arzobispado: "Yo seguí sus pasos, sin ser igual a él, por celo y bravura".

En ese periodo Joseph recuerda el primer acercamiento con el *Schott*; el libro litúrgico emparentaba al misal latino con la traducción alemana,[4] que el párroco les regaló a los padres de Ratzinger en ocasión de su boda, que tuvo lugar en 1920.

> Ese libro de oración estuvo siempre presente en nuestra familia. Desde que éramos pequeños nuestros padres nos acostumbraron a entrar en la liturgia: era un libro de oración para niños inspirado en el misal, en el cual la acción litúrgica estaba ilustrada con imágenes, de modo que se podía seguir bien lo que decía... Cada nuevo paso que me hacía entrar más profundamente en la liturgia era para mí un gran suceso. Los volúmenes que de vez en cuando recibía eran algo preciado, no podía soñar nada más bello. Era una aventura entrar poco a poco en el misterioso mundo de la liturgia, que tenía lugar en el altar, frente a nosotros y por nosotros. Comprendía cada vez más claramente que encontraba una realidad que no había sido inventada por nadie, que no era la creación de una autoridad cualquiera, nacida de una sola y gran personalidad. Esta misteriosa interrelación de textos y de acciones creció en el transcurso de los siglos de la fe de la Iglesia. Llevaba en sí el peso de toda la historia y, en conjunto, era mucho más que un producto de la historia humana.

Encontramos en ese recuerdo de los años de la pubertad, las primeras expresiones del gran amor y del gran respeto del

[4] Al final del siglo XIX, el abad del monasterio benedictino de Beourun, Anselm Schott, había traducido el misal al alemán.

Cardenal Ratzinger por la liturgia, tema que será retomado en las próximas páginas y que el Prefecto, el custodio de la ortodoxia católica, ha afrontado y sobre el cual ha tenido el valor de hacer afirmaciones a contracorriente.

Traslado a Traunstein

En marzo de 1937, al cumplir 60 años de edad, el padre del futuro Cardenal se retira. La familia lleva a cabo un nuevo traslado y se muda a la periferia de Traunstein, a una vieja casa campestre adquirida unos años atrás. A la casa se anexaba un gran prado, con manzanos, perales y ciruelos, el terreno estaba delimitado por un bosque. La casa estaba construida siguiendo el estilo alpino típico de la zona de Salisburgo. "No había agua corriente; en compensación, frente a la casa había una fuente que daba agua fresca y deliciosa."

En Traunstein, Jospeh comenzó a frecuentar la primera clase de "estudios secundarios humanísticos". Para llegar tenía que caminar media hora, "tiempo suficiente para ver el entorno y reflexionar, pero también para repetir lo que había aprendido en la escuela." Es "el más joven y uno de los más pequeños de todo el salón." Debe adaptarse a la severidad y al rigor con el cual se enseñaba el latín en esa época. Una severidad y un rigor que el Prefecto agradecería toda su vida: "Como teólogo nunca he tenido dificultad para estudiar las fuentes antiguas en latin y en griego y, en Roma, durante el Concilio, rápidamente logré ambientarme al latín teológico del que se habla en esa circunstancia, aunque nunca había tenido lecciones universitarias de latín". En esos años Ratzinger comienza a aprender a tocar el piano, siguiendo los pasos de su hermano.

El deporte, qué tortura

En 1939, siguiendo el consejo del párroco, Joseph entra en el seminario. La circunstancia que permite que la familia lo mantenga estudiando es el sueldo que su hermana Maria recibe en un negocio de Traunstein. "Llega entonces la decisión —cuenta— y para la Pascua de 1939 entra en el seminario, feliz y lleno de expectativas, pues mi hermano hablaba muy bien al respecto y también porque tenía excelente relación con los seminaristas que asistían a mi clase"; sin embargo, el inicio no es fácil. Como admitirá él mismo, el futuro Cardenal no está hecho para la vida comunitaria en un internado. En casa había vivido y estudiado con gran libertad y se había construido su propio mundo. "Ahora, me encontraba encerrado en un salón de estudio con casi 60 muchachos y era para mí una tortura, dentro de la cual me parecía casi imposible ponerme a estudiar." Lo que más le pesa son las dos horas diarias de actividad física en el gran campo deportivo.

> Una circunstancia que se convierte para mí en una verdadera tortura... al no estar dotado para las actividades deportivas. La verdad —agrega Ratzinger— debo decir que mis compañeros eran muy tolerantes, pero a la larga, no es agradable tener que vivir según la tolerancia de los demás y saber que para ellos se es una carga.

El inicio de la guerra hace que se ocupe la sede del seminario, que posteriormente se convierte en un leprosario. Así, los seminaristas se establecen en la sede del Colegio de las Damas de la Iglesia, que había quedado vacío. Para suerte de Ratzinger, no había campo deportivo. Ahí se limitaba a dar paseos en los bosques de alrededor... "Mi reconciliación con el seminario vivió un periodo hermoso. Debía aprender a adaptarme a la vida común, a salir de mí mismo e integrarme a una comunidad."

El primo asesinado por ser discapacitado

En la autobiografía el Cardenal no habla de un episodio que revela el 28 de noviembre de 1996, durante una conferencia internacional en el Vaticano, en ocasión del Concilio Pontificio de Pastoral Sanitaria. Un episodio doloroso: los nazis matan a uno de sus parientes afectado por el síndrome de Down. Ratzinger habla de ello para advertir sobre el riesgo "siempre inminente" de un "retorno a la barbarie", es decir, el riesgo de exclusión de algunos seres humanos de la categoría de seres que merecen respeto.

> El chico que eliminaron los nazis —ha dicho el Cardenal, que en 1941 tenía 14 años—, era unos años más pequeño que yo. Era robusto, pero demostraba progresivamente los signos típicos del síndrome de Down. Suscitaba simpatía en la simplicidad de su mente ofuscada y su madre, que ya había perdido a una hija prematuramente, le tenía mucho cariño. Sin embargo, en 1941 el Tercer Reich ordenó que lo llevaran a una institución donde pudiera recibir una mejor atención. Todavía no sospechábamos —continuó Ratzinger— las operaciones de eliminación de los incapacitados mentales que ya habían iniciado a finales de los años treinta. Después de poco tiempo llegó la noticia de que el chico había muerto de pulmonía y de que su cuerpo había sido cremado. Desde ese momento se multiplicaron las noticias de ese tipo.

RATZINGER EN UNIFORME

En el mismo año, 1941, con la precipitación de los sucesos bélicos, todos los seminaristas regresaron a casa, incluyendo a Georg y Joseph Ratzinger. El hermano mayor del futuro Cardenal tiene diecisiete años y en el verano de 1941 lo reclutan para el llamado "servicio laboral"; en el otoño lo envían a Wermacht, como radiotelegrafista. Después de haber pasado por Francia, Holanda y Checoslovaquia lo invitan al frente italiano. En ese momento, Joseph es demasiado joven, puede dedicarse un poco al estudio de los clásicos, a la poesía y a la traducción de textos litúrgicos. Sin embargo, a los dieciséis años, a causa de la escasez de soldados, lo llaman a fungir como auxiliar junto a un pequeño grupo de seminaristas: tiene que vivir en las barracas como todos los militares, lleva los mismos uniformes, pero se le permite tomar algunas lecciones. Debe servir en la fuerza aérea en Mónaco. De ahí lo transfieren a Gilching, al norte de Ammersee.

El 10 de septiembre de 1944, con la edad para hacer el servicio militar verdadero, Joseph es liberado de la fuerza aérea y, en cuanto regresa a casa, a Traunstein, encuentra la llamada al "servicio laboral del Reich".

> Diez días después, un viaje interminable me llevó hasta Burgenland donde, con muchos amigos de la escuela de Traunstein, fui asignado a un campo ubicado en el ángulo del territorio en el cual Austria limita con Hungría y Checoslovaquia. Esas semanas de servicio laboral —agrega Ratzinger— permanecieron en mi memoria como un recuerdo opresivo. Nuestros superiores en parte provenían de la llamada Legión Austriaca. Se trataba de nazis de los primeros tiempos... personas fanáticas ideológicamente, que actuaban con violencia.

El futuro Cardenal recuerda en particular un episodio: una noche sacaron de la cama a los jóvenes y, medio dormidos, los reunieron en la pequeña plaza del cuartel. Un oficial llamó a cada uno por su nombre, buscando convencerlos de entrar como "voluntarios" al cuerpo de la SS. "Muchos compañeros, que tal vez eran buenas personas, fueron reclutados de ese modo en aquel cuerpo criminal." Joseph Ratzinger, con otros, dice que tiene intención de convertirse en "sacerdote católico": "Nos cubrieron de escarnios y de insultos y nos mandaron dentro, pero esas humillaciones eran muy gratas, puesto que nos liberaban de la amenaza del reclutamiento falsamente voluntario y de todas sus consecuencias".

Después de trabajar algunas semanas en la edificación del llamado "valle sudoriental" en Burgenland, el 20 de noviembre regresó a casa, en tren. El convoy no hace parada en Traunstein y el joven se ve obligado a saltar del vagón en movimiento. Pasan tres semanas y llega el llamado a las armas en realidad. Ratzinger es afortunado: lo asignan al cuartel de infantería de su pueblo. No combate, pero debe marchar por la calle con sus compañeros cantando canciones de guerra "para mostrar a la población civil que el Führer ahora dispone de soldados jóvenes y recién adiestrados".

Prisionero de guerra

En la primavera, a finales de abril, a pesar de que la ciudad estaba rodeada de militares que tenían la orden de fusilar en el acto a los desertores, Joseph decide regresar a casa. Toma una calle secundaria, pero a la salida de una galería se topa con dos soldados de guardia. "Por fortuna —cuenta el Cardenal— eran de los que estaban hartos de la guerra y no querían convertirse en asesinos." A la llegada de los norteamericanos, la casa de la familia Ratzinger fue elegida como cuartel general aliado: Joseph es identificado como soldado del Reich y es tomado como prisionero de guerra. Logra llevar consigo un cuaderno y un lápiz: "Una elección aparentemente poco práctica, mientras en realidad, ese cuaderno resultó ser para mí una maravillosa compañía pues, día tras día, pude escribir pensamientos y reflexiones de todo tipo; incluso llegué a realizar la composición de hexámetros griegos".

Después de días de marcha, llevaron al aire libre a los prisioneros, en un terreno agrícola en Bad Aibling, con otros cincuenta mil soldados alemanes. "La comida consistía en un plato de sopa y un pequeño pan al día." Entre los prisioneros, los estudiantes de teología lograron encontrar graduados y profesores de procedencia varia y fueron capaces de organizar conferencias y discusiones en el campo de concentración.

En 19 de junio de 1945, después de estar sometido a los controles del aparato nazi, Ratzinger es liberado y se encamina a casa. La tarde de su llegada se festeja en familia: "Nunca en mi vida he comido algo tan sabroso como lo que me preparó mi madre esa vez con los productos de nuestra huerta". En julio del mismo año Georg también regresó a casa, bronceado por el sol italiano.

III

La alondra de Frisinga

Una vez terminada la guerra, Joseph Ratzinger llegó con los demás 120 futuros sacerdotes al seminario de Frisinga, que hasta ese momento había fungido como hospital militar para prisioneros de guerra extranjeros.

La biblioteca, a pesar de los bombardeos, se había conservado en buen estado.

> No me quería limitar a la teología en sentido estricto —cuenta—; también quería escuchar las palabras de los contemporáneos. Devoraba las novelas de Gertrud von Le Fort, Elisabeth Langgäser, Ernst Wiechert; Dostoievski estaba entre los autores que todo el mundo leía, además de los grandes franceses: Claudel, Bernanos, Mauriac. Seguía con interés hasta a los sabios de las ciencias naturales. Con los textos impresos de Planck, Heisenberg, Einstein, la ciencia de nuevo estaba en el camino de Dios.[1]

Entre los autores de teología que cada vez gustaban más al joven estudiante se encontraba Romano Guardini.

---

[1] Ratzinger, *La mia vita*, *op. cit.*, p. 42.

En esos años, los seminaristas se dedican también a la música y, en ocasión de alguna fiesta, recitan fragmentos de obras de teatro.

Entre Agustín y Tomás

Es interesante subrayar esta afirmación, debido a que la teología romana de la época estaba llena de las ideas de Santo Tomás:

> El encuentro con el personalismo, que luego encontramos explicitado con gran fuerza persuasiva en el pensador hebreo Martin Buber, fue un evento que marcó profundamente mi camino espiritual, aunque el personalismo, en mi caso, se ligó con el pensamiento de Agustín que, en las *Confesiones*, se me presenta en toda su pasión y profundidad humana. En cambio, tenía dificultad en el acceso al pensamiento de Tomás de Aquino, cuya lógica cristiana me parecía demasiado cerrada en sí misma, demasiado impersonal y preconcebida.

Después de concluir los dos años de estudios filosóficos en el semestre de 1947, Ratzinger, de acuerdo con el Obispo, prosigue su formación en Mónaco di Baviera y sigue los cursos de teología en la universidad. Allí el clima es menos cordial que en Frisinga. Los estudiantes duermen en literas, a causa de la falta de espacio que trajo consigo la destrucción de la guerra, y a Joseph le parece estar de nuevo en la fuerza antiaérea. Entre los profesores se encuentra el sacerdote Michael Schmaus, quien se hizo famoso no sólo en Alemania gracias a su manual de teología dogmática.

> Se había destacado del esquema neoescolástico y había realizado una presentación vivaz de los dogmas católicos, inspirada en

> el espíritu del movimiento litúrgico y en la nueva atención a los padres de la Iglesia y a las Escrituras, que venía madurando desde los años sucesivos a la Primera Guerra Mundial.

Así fue cómo Ratzinger entró en contacto con las nuevas tendencias de la teología.

Estudiosos a los que Roma no amaba

El nombre más notorio, entre los maestros del futuro Prefecto de la Congregación para la Doctrina de la Fe, es el de Friederich Wilhelm Maier, profesor de exégesis del Nuevo Testamento. Él, ya en el primer decenio del siglo, había sostenido la tesis —hoy aceptada casi universalmente— de las "dos fuentes". Aquella según la cual el texto de Marcos es una narración, ya no de las palabras de Jesús (la fuente "Q"), sería la base de los tres evangelios sinópticos y, en consecuencia, Marcos sería la fuente de Mateo y de Lucas, incluyendo composiciones más recientes.

"Justo esto —explica Ratzinger— parecía en contradicción con la tradición, sobresaliente hasta el segundo siglo, que ve en Mateo el evangelio más antiguo, que el apóstol habría escrito en dialecto hebraico." Maier viene a encontrarse de lleno en la controversia modernista, mientras otros estudiosos ponían en discusión la credibilidad del evangelio: su tesis se considera una capitulación frente al liberalismo. "Más de una vez nos habló del *Recedat a cathedra* (deber renunciar a la enseñanza) que Roma había sentenciado en sus confrontaciones."

Gracias al cambio en el clima cultural, ya en los años veinte Maier había regresado a enseñar. Entonces, desde el inicio de su carrera como estudioso, Joseph Ratzinger entra en contacto con experiencias de maestros sobre las cuales se abatió el hacha del Santo Oficio, un asunto destinado a pesar, algunos decenios después, cuando le tocará a él pronunciarse en casos de ese tipo.

En el "liberalismo delimitado por el dogma" del profesor Maier, el Cardenal ve un aspecto positivo:

> Hacía preguntas abierta y desprejuiciadamente, a partir del horizonte del método histórico liberal creaba una relación inmediata nueva con las Sagradas Escrituras y analizaba dimensiones del texto que ya no eran perceptibles en la lectura excesivamente cristalizada del dogma.

El "hermano mayor" de la Escritura

Es en ese periodo, al frecuentar las lecciones del profesor Friederich Stummer, especialista en el Antiguo Testamento, cuando Joseph Ratzinger comprende la importancia de aquel texto:

> De ese modo se hizo importante para mí y comprendí mejor que el Nuevo Testamento no es otra cosa que una interpretación a partir de la historia de Jesús de "leyes, profetas y escribas", que en el tiempo de Jesús no se habían unido todavía en su forma madura de canon definitivo, pero todavía estaban abiertos y se presentaban a los discípulos como testimonios en favor de Jesús mismo, como Santas Escrituras que revelaban su misterio. Siempre comprendí mejor que el judaísmo (que en sentido estricto comienza con la conclusión del proceso de formación del canon de las escrituras y en el siglo primero después de Cristo) y la fe cristiana, como se le describe en el Nuevo Testamento, son dos formas de apreciación de las Sagradas Escrituras de Israel, que

en definitiva dependen de la posición que se asuma frente a la figura de Jesús de Nazaret. Las Escrituras que hoy llamamos Antiguo Testamento se abrieron para recorrer las calles.[2]

La teología "preconciliar"

Cuando vuelvo a pensar en los años intensos en que estudiaba teología —explica Ratzinger—, sólo puedo maravillarme ante todo lo que hoy se sostiene a propósito de la Iglesia "preconciliar". Todos vivimos en la percepción del renacimiento, advertida ya en los años veinte, de una teología capaz de hacer preguntas con un valor renovado y capaz de una espiritualidad que se deshacía de lo avejentado y caduco, para hacer vivir de una manera nueva la alegría de la redención. El dogma no se sentía como un vínculo exterior, sino como la cuestión vital que hacía posibles nuevos conocimientos.

El Cardenal recuerda que en esos años, en Alemania, mientras había un consenso sereno respecto de las decisiones del papado y de la figura de Pío XIII (pontífice muy ligado a la cultura alemana), el estilo de la declaración romana, unido a la neoclásica, "sonaba más bien ajeno". Pero esa diversidad de sensibilidad y a veces de opiniones teológicas nunca llevaba a rebeliones. En cuanto a esto, Ratzinger cuenta un episodio significativo, que concierne a la proclamación del dogma de la asunción corporal de María al cielo, ocurrido en 1950.

[2] Ratzinger profundizará la relación entre la Iglesia e Israel en el libro *La Chiesa, Israele e le religioni del mondo* (*La Iglesia, Israel y las religiones del mundo*), San Paolo Edizioni, 2000, publicado dos años antes en Alemania. En el volumen el Cardenal afronta el tema de las raíces hebraicas y del diálogo con las demás religiones, subrayando cómo esto último no puede tener como base la renuncia a Jesucristo, quien para los cristianos vino para llevar la ley a plenitud y cumplimiento.

Dogma y libertad

Cuando se acercaba la solemne definición dogmática, la última pronunciada hasta hoy, Pío XII pidió su opinión a las facultades teológicas de todo el mundo. "La respuesta de nuestros docentes —escribe el Cardenal— fue decisivamente negativa. En ese juicio se hacía sentir el carácter unilateral de un pensamiento que tenía un presupuesto no sólo y no tanto histórico, sino global. La tradición se identificaba con lo que se podía documentar en los textos." El profesor Altaner, maestro de patrística en Würzburg, había demostrado con criterios científicamente irrefutables que la doctrina de la asunción corpórea de María al cielo se desconocía antes del siglo V y por lo tanto no podía formar parte de la "tradición apostólica" y esa conclusión también la comparten los profesores de Mónaco.

> El argumento es irrefutable si se entiende la tradición en sentido estricto como transición de contenidos de textos ya fijos —comenta Ratzinger—. Pero si se entiende la tradición como proceso vital, con el cual el Espíritu Santo nos introduce a la verdad entera y nos enseña a comprender lo que antes no lográbamos percibir, ahora el "recuerdo" sucesivo puede lograr lo que antes no se había advertido y tal vez ya estaba dado, ya estaba "tramado", en la palabra originaria.

El Cardenal recuerda que en 1949, un año antes de la proclamación del dogma, el profesor Gottlieb Söhngen se pronunció decididamente en contra. Otro maestro, Eduard Schlink, profesor de teología sistemática en Heidelberg, le preguntó: "¿Qué harías si se proclamase el dogma? ¿No deberías darle la espalda a la Iglesia católica?". Söhngen respondió: "Si el dogma se proclamara, recordaré que la

Iglesia es más sabia que yo, y que yo tengo más fe en ella que en mi erudición". "Creo que esta escena", observa Ratzinger, "revela todo el espíritu con el cual se hacía teología en Mónaco, de manera crítica pero fervorosa". Renuncia a los hábitos del estudioso y viste los del Cardenal prefecto custodio de la ortodoxia; el bávaro debe haber expuesto más de una vez en sus interlocutores la falta del espíritu de obediencia y de abandono en la mayor sabiduría de la Iglesia, manifestado en aquella ocasión por el profesor Söhngen.

El estudioso

Después de haber presentado el examen para concluir los estudios teológicos en el verano de 1950, Joseph Ratzinger se prepara para recibir la ordenación sacerdotal. Sus dotes de recitador no pasan inadvertidas y el profesor Söhngen le pide participar en una especie de concurso: la facultad de teología asignaba cada año un tema de investigación. Entre las investigaciones presentadas por los estudiantes —todas rigurosamente anónimas y provistas de un seudónimo que encubría al autor— habían premiado una. Para el ganador se abrían las puertas del doctorado. El tema ese año fue: *Pueblo y casa de Dios en la Iglesia de San Agustín.* Un argumento particularmente querido por Ratzinger, que justo en aquel periodo se había encontrado con los escritos de Henri De Lubac y Hans Urs von Baltasar, quienes le transmitieron "una relación nueva y profunda con el pensamiento de los padres" y, en general, con la teología de la fe.

> Las vacaciones de verano, que duraban desde fines de julio hasta fines de octubre —escribe el Cardenal— fueron completamente

dedicadas al trabajo de presentar el concurso. Pero ahora me encontraba en una situación difícil. A finales de octubre recibimos la ordenación subdiaconal y algunas diaconales. Comenzaba así la preparación más inmediata a la ordenación sacerdotal que en ese entonces era muy distinta a la de hoy. De nuevo estábamos todos juntos en el seminario de Frisinga, para que nos introdujeran a los aspectos prácticos del ministerio... La seriedad de esa preparación requiere de todo el empeño de una persona, pero yo debía conciliarla con la elaboración de mi tema. La tolerancia del seminario y la condescendencia de mis compañeros hicieron posible esta difícil combinación. Mi hermano, que se había encaminado conmigo hacia el sacerdocio, se hacía cargo, en lo posible, de todos los aspectos prácticos... Mi hermana en su tiempo libre se ocupó de redactar de manera ejemplar la copia del manuscrito, para que de esa forma pudiera ser entregado en el término previsto.

El sacerdote

Finalmente, el 29 de junio de 1951, en la fiesta de San Pedro y San Pablo, Joseph Ratzinger, junto con su hermano Georg y unos 40 candidatos más, recibe la ordenación. Ese día de verano es espléndido, la ceremonia tiene lugar en la catedral de Frisinga. La preside el Cardenal Michael Faulhaber, el mismo que le había dado la confirmación y que el futuro prefecto siempre había admirado. Nombrado Arzobispo de Mónaco y Frisinga en el lejano 1917, después de haber sido profesor de Sagradas Escrituras, había girado entre las trincheras de la Primera Guerra Mundial. Había recibido el cargo de Cardenal del Papa Benedicto XV en 1921 y había sido el primer oponente del nazismo. A él se debe el primer esbozo de la encíclica de Pío XI, *Mit brennender Sorge* (*Con encendida preocupación*) que en marzo de 1937 condenará decididamente la teoría hitleriana. Fue un verdadero príncipe de la Iglesia que compraba zapatos a los monaguillos, pagaba la vela de la mujer sin medios, además del alquiler de quien no podía hacerlo, "prolongaba la ruta hasta la catedral para encontrar a los barrenderos y ponerles algunas monedas en la mano".[3]

Cuando llegó el turno para que el joven Joseph se arrodillara frente al anciano Cardenal, sucedió algo.

> No se debe ser supersticioso —confía Ratzinger— pero en el momento en que el anciano Arzobispo impuso las manos sobre mí, un pajarito, tal vez una alondra, se levantó del altar mayor de la catedral y entonó un pequeño canto jubiloso; para mí fue como si una voz de lo alto me dijera: "Así vas bien, vas por el camino adecuado".

Después de la ordenación, siguieron días de festejo, sobre todo en Traunstein, donde los hermanos Ratzinger, junto a otro sacerdote nuevo en la región, Rupert Berger, fueron recibidos para la primera misa en la parroquia de San Osvaldo y luego en la casa, a donde llevaron sus bendiciones.

Ratzinger en la parroquia

El nuevo sacerdote, brillante recitador y estudioso de teología, es designado por el Arzobispo a la parroquia de la Sangre Preciosísima en Mónaco, con el encargo de ayudar.

> La mayor parte de la parroquia se encontraba en un barrio residencial, en el cual habitaban intelectuales, artistas y funcionarios, pero

[3] Cesare de Agostini, *Eminetu & eminentissimi* ("Eminentes y eminentísimos"), Piemme, 2000, pp. 69 - 69. El Cardenal Faulhaber murió un año después de aquella ceremonia, el 12 de junio de 1951.

también había lugares donde vivían pequeños comerciantes y empleados, además de porteros, camareros y, en general, el personal de servicio de las clases sociales más acomodadas.

Joseph Ratzinger siguió muy marcado por el encuentro con el párroco Blumschein, dedicado con todo su ser al servicio pastoral: moriría mientras llevaba la comunión a un enfermo grave.

> Con el cargo que me habían confiado, verdaderamente tenía necesidad de un modelo de ese tipo. Debía tener dieciséis horas de religión en cinco clases diferentes y eso exigía mucha preparación. Cada domingo debía celebrar por lo menos dos veces y dirigir dos plegarias diferentes; todas las mañanas de las seis a las siete estaba en el confesionario; el sábado por la tarde cuatro horas. Toda la semana debía celebrar funerales en diversos cementerios de la ciudad. Todo el trabajo con los jóvenes recaía sobre mis espaldas y a eso se añadía un esfuerzo extraordinario, como bautizos, bodas... Dado que el párroco no descansaba, yo tampoco podía ni quería hacerlo. Por mi escasa preparación práctica, al inicio afronté esos esfuerzos con una cierta preocupación.

En estas pocas líneas, escritas por Ratzinger en su autobiografía, se nota que no fue fácil el trabajo con el servicio pastoral de tiempo completo, después de los años de investigación y estudio. No obstante, el joven sacerdote se adaptó casi de inmediato. Y se dio cuenta, al trabajar con los jóvenes, de hasta qué punto su mentalidad y su modo de vida estaban alejados de la fe y del poco apoyo que la enseñanza de la religión encontraba en la vida y en el modo de pensar de la familia.

Algunas de las reflexiones maduradas gracias a esta experiencia las puso por escrito varios años después en un texto titulado *I nuovi pagani e la Chiesa* ("Los nuevos paganos y la Iglesia"), que ahora se convierte en argumento de un vivo debate. Estamos en el inicio de los años cincuenta, la Iglesia de Pío XII está hecha de grandes reuniones, da la impresión de ser muy competente. Pero Ratzinger nota ya que la cristianización está en acto, constata que la sociedad ya no es "naturalmente" cristiana, como hacía algunas decenas de años.

La experiencia en la parroquia dura poco: en octubre de 1952 el joven sacerdote es llamado al seminario de Frisinga para dar un curso sobre la pastoral de los sacramentos. Y mientras termina el doctorado, obtiene, después de la defensa en público del rito en presencia de su padre y su madre, el título de doctor en Teología.

Una tesis en verdad contrastada

En el seminario teológico de Frisinga queda libre la cátedra de dogmática y teología fundamental y los profesores se la ofrecen a Ratzinger, quien, tras haber enseñado durante un año pastoral los sacramentos, al final acepta. El profesor Gottlieb Söhngen establece que la tesis del joven estudioso trata un tema medieval. De este modo, Joseph, que ya había afrontado a San Agustín, se mete de lleno en Buenaventura, examinando su concepto de revelación.

Justo en este periodo se libera uno de los departamentos destinados a los maestros cerca de la catedral. Ratzinger, que ya tenía asegurado el puesto como profesor, lo obtiene y se establece allí con sus padres, para quienes la vida cotidiana en la casa de Traunstein comenzaba a volverse difícil. La tesis es aceptada en el otoño de 1955, después de no pocos problemas a causa de una mecanógrafa que "no sólo era lenta, sino que a veces llegaba a perder hojas, sometiendo los nervios a una dura prueba por la excesiva cantidad de errores". Söhngen aprecia mucho el trabajo de Ratzinger, pero no del coautor Michael Schmaus. Para la Pascua de 1956, este último había convocado a Königstein a los dogmáticos de lengua alemana y fue en aquella ocasión cuando el futuro Cardenal se encontró personalmente por primera vez con el teólogo Kart Rahner: es el inicio de una relación cordial de amistad. Durante el encuentro de los dogmáticos, Schmaus convoca a Ratzinger a un coloquio.

> De una manera más bien fría y sin ninguna emoción me declaró que debía repetir mi trabajo de habilitación porque no respondía a los criterios de rigor científico requeridos para obras de ese tipo... Era como si me hubiera caído un rayo. Todo el mundo amenazaba con sacudirme. ¿Qué habría pasado con mis padres, que de buena fe habían venido conmigo a Frisinga si ahora, a causa de ese error, hubiera tenido que dejar la docencia?

¿Cuál era el problema con tal tesis de habilitación del hombre que, un día, se convertiría en el custodio de la ortodoxia católica a la cabeza del ex Santo Oficio? Sobre todo, el hecho de haber criticado la posición del profesor Schmaus, considerada superada, "con una dureza que se adaptaba poco a un principiante". Luego el hecho de que, a causa de la dactilógrafa, habían quedado errores e imprecisiones en las citas, problemas para el resultado mismo del análisis contenido en la tesis. Ratzinger había encontrado que el concepto de revelación en Buenaventura era más general en los teólogos del siglo XIII, distinto del moderno que identificaba a la revelación con el conjunto de los contenidos revelados.

> En el lenguaje medieval una identificación tal habría sido impensable. La "revelación" es siempre un concepto de acción: el término define el acto mediante el cual Dios se muestra, no el resultado objetivado de ese acto. Y debido a que las cosas están así, el concepto de "revelación" siempre forma parte y también el sujeto que lo recibe: donde ninguno advierte la revelación no ha ocurrido ninguna, debido a que nada se ha develado. La idea misma de revelación implica a alguien que entra en posesión.

Ratzinger explica que esos conceptos enseguida se volvieron muy importantes para él en el curso del debate conciliar sobre los términos de la revelación de las Escrituras y de la tradición.

> Si las cosas están como lo he descrito —observa el Cardenal— ahora la revelación precede a las Escrituras y se refleja en ellas, no es simplemente idéntica a ellas. Además, esto significa que la revelación siempre es más grande que el simple escrito. Se deduce, en consecuencia, que no puede existir un mero "Escrituras solas" ("sólo a través de las Escrituras"), que a las Escrituras está ligado el tema de la Iglesia y que, así, ya está dado el sentido esencial de la tradición.

Sospechoso de modernismo

El profesor Schmaus no aprueba y no concuerda. No acepta que la exégesis del pensamiento de Buenaventura hecha por el aspirante a "profesor" sea correcta y entrevé en la tesis de Ratzinger "un peligroso modernismo, que debía conducir hacia la subjetivación del concepto de revelación". La sesión del consejo de la facultad que se ocupa de las tesis de habilitación es más bien tempestuosa, pero el final es atenuado respecto a la condena sin llamado de

Schmaus. El texto es devuelto al autor para que lo corrija, pero los cambos requeridos, las anotaciones críticas, son muchísimas, tanto que el crítico correlator está convencido de que, para ponerle remedio a la tesis, se necesitan años y de que, impedido por tanto tiempo en la enseñanza, el efecto habría sido de rechazo. Ratzinger no se da por vencido: observa que mientras las primeras dos partes del manuscrito están llenas de anotaciones polémicas, la tercera —dedicada a la teología de la historia de Buenaventura— carece de observaciones críticas. Tal vez también ahí había material explosivo. ¿De qué se trata? El joven estudioso había demostrado, por primera vez, que en su interpretación de la narración de la creación Buenaventura había confrontado minuciosamente a Gioacchino da Fiore,[4] y había buscado tomar cuanto pudiera serle útil, pero integrándolo al orden de la Iglesia.

· Era una idea para salvar mi trabajo —cuenta el Cardenal—. Lo que había escrito sobre la teología de Buenaventura estaba estrechamente ligado al conjunto del libro, pero tenía una autonomía propia; sin grandes problemas se podía separar del resto de la obra y se podía estructurar como un todo aparte. Con tan solo 200 páginas, un libro de este tipo era más breve que el común denominador de los textos de habilitación a la libre docencia, pero era suficientemente extenso como para demostrar la capacidad de conducir automáticamente una investigación teológica.

[4] Gioacchino da Fiore, fiel y culto monje muerto en el año 1202, creía deducir de las Sagradas Escrituras que la historia se habría distribuido en tres fases distintas: del severo reino del Padre (Antiguo Testamento), a través del reino del Hijo (la Iglesia de aquel tiempo) hasta el tercer reino, el del Espíritu, en quien se habrían cumplido finalmente las promesas de los profetas y habría pleno dominio de la libertad y del amor. "Había creído —dice Ratzinger— encontrar en la Biblia bases de cálculo para la llegada de la Iglesia del Espíritu Santo. Dichos cálculos parecían indicar en Francisco de Asis el principio y en la comunidad fundada por él, los portadores de la nueva época. A fines del siglo XIII se dieron interpretaciones radicales de esa idea, que al final llevaron lo "espiritual fuera del orden de un conflicto con el papado".

Con gran asombro por parte de los profesores, después de las vacaciones de verano, Joseph Ratzinger logró entregar la tesis, aceptada en febrero de 1957. Un año después lo nombraron docente libre también en la Universidad de Mónaco y profesor de teología fundamental y dogmática en el seminario filosófico-teológico de Frisinga.

Los contrastes con Schmaus favorecen un acercamiento entre Ratzinger y Karl Rahner. "Sobre todo me quedó el propósito de no consentir tan fácilmente a los textos de grado o de habilitación a la libre docencia, sino tomar el partido de los más débiles, cuando haya razones."

En el verano de 1958, le ofrecieron a Ratzinger la cátedra de teología fundamental en Bonn y, debido a que su hermano Georg había sido nombrado director del coro de la parroquia de Traunstein, sus ancianos padres podían dejar Frisinga y mudarse de nuevo al lugar donde habían vivido en los años anteriores. Para él, profesor brillante y ambicioso, inicia una serie infinita de transferencias de una universidad a otra. A finales de agosto de ese año, después de una breve enfermedad, muere el padre de Joseph.

IV

El Concilio de Ratzinger

Joseph Ratzinger no tenía muy buenas relaciones con el Arzobispo de Munich, Giuseppe Wendel. Lo revela él mismo, no obstante sin especificar más: "Mis relaciones con el Cardenal Wendel no habían quedado exentas de complicaciones". Es lícito suponer que el purpurado que sucedió a Faulhaber no siempre veía con buenos ojos las ideas innovadoras de Ratzinger, quien poco a poco se iba convirtiendo en uno de los puntos de referencia de la nueva teología que más tarde habría de imponerse en el Concilio Vaticano II.

El futuro prefecto, en cambio, se entiende "serena y cordialmente" con el Arzobispo de Colonia, el Cardenal Joseph Frings.[1] Este último había asistido a una conferencia del profesor acerca de la "teología del Concilio" en la Academia Católica de Bensberg; se había asombrado profundamente

---

[1] El Cardenal Frings tenía fama de eclesiástico "moderado", especialmente si se le compara con su hermano de Munich, el Cardenal Julius Döpfner, sucesor de Wendel, quien será luego uno de los cuatro "moderadores" del Concilio. Cfr. John L. Allen Jr., *Cardinal Ratzinger*, Continuum, Nueva York-Londres 2000, p. 52.

por la preparación del joven estudioso y lo había incorporado al trabajo preparatorio a la asamblea conciliar.

> Como miembro de la comisión central para la preparación del Concilio, el Cardenal Frings recibió los esquemas preparatorios que habían de ser presentados a los padres luego de la convocatoria de la asamblea conciliar para que fuesen discutidos y aprobados. En respeto de las reglas, él me envió dichos textos para que, a mi vez, yo le enviase mi opinión y algunas propuestas de mejoras.

Ratzinger, en su autobiografía, recuerda cuál era desde entonces su verdadero comportamiento, en lo absoluto contrario, de manera apriorística, a los esquemas elaborados por la Curia Romana.

> Como es obvio, sobre ciertos puntos yo tenía algunas observaciones que hacer, pero no tenía ninguna razón para rechazarlos del todo, como luego, durante el Concilio, muchos exigieron y, a la postre, incluso lograron. Sin duda, la renovación bíblica y patrística, que había tenido lugar en las décadas precedentes, había dejado sólo pocas huellas en esos documentos; éstos daban pues la impresión de rigidez y de escasa apertura, de un excesivo vínculo con la teología escolar, de un pensamiento demasiado profesoral y poco pastoral; no obstante, se debe reconocer que habían sido elaborados con atención y solidez en las argumentaciones.

En un comentario de esa época, el futuro Cardenal expresaba no obstante el temor de que "toda la empresa pudiese reducirse a nada más que una simple y llana ratificación de las decisiones ya tomadas, con el resultado de impedir, más que favorecer, la renovación que necesitaba la Iglesia católica".[2]

En octubre de 1962, Juan XXIII inaugura el Vaticano II. El Cardenal Frings lleva consigo a Roma a su secretario Hubert Luthe (más tarde Obispo de Essen) y a Joseph Ratzinger, en calidad de sus consejeros teológicos. Y actúa de tal manera que al cabo de la primera sesión del Concilio Ratzinger recibe el nombramiento oficial de "perito", es decir, de teólogo.

El futuro Cardenal se establece en el Colegio Sacerdotal austríaco-alemán del Alma, cercano a Piazza Navona, de modo que puede encontrarse con teólogos como Henri De Lubac, Jean Danielou, Yves Congar, Gérard Philips, además de cardenales y obispos de todas partes del mundo.

La liturgia según el Concilio

Ante todo la Iglesia en sí misma y luego la Iglesia en relación con el mundo: he aquí las dos principales articulaciones temáticas del Concilio Vaticano II, que da inicio en una atmósfera de gran optimismo. La reforma propuesta por el movimiento litúrgico, en cambio, no era en absoluto una prioridad; antes bien, para algunos padres se trataba de un tema que ni siquiera debía ser considerado.

> El Cardenal Montini —escribe Ratzinger—, quien más tarde con el nombre de Paulo VI, habría de convertirse en el verdadero Papa del Concilio, al momento de presentar una síntesis personal temática al inicio de los trabajos conciliares, había dicho con claridad que no lograba encontrar ninguna tarea esencial

[2] Joseph Ratzinger, *Die erste Sitzungsperiode des Zweiten Vatikanischen Konzils. Ein Rückblick,* Colonia, 1963, p. 8.

> del Concilio. Desde fines de la Segunda Guerra Mundial, la liturgia y su reforma se habían vuelto una cuestión urgente sólo en Francia y en Alemania, y más específicamente en la perspectiva de una restauración lo más pura posible de la antigua liturgia romana; a esto se sumaba también la exigencia de una participación activa del pueblo en el evento litúrgico. Estos dos países, en esos momentos teológicamente en primer plano (a los que, obviamente, había que asociar con Bélgica y Holanda), en la fase preparatoria habían logrado obtener que se elaborase un esquema acerca de la sagrada liturgia... El hecho de que, más tarde, dicho texto haya sido el primero en ser examinado por el Concilio no dependió en lo absoluto de un marcado interés por la cuestión litúrgica por parte de la mayoría de los padres, sino del hecho de que no se preveían grandes polémicas y de que todo ello era considerado de algún modo como objeto de un ejercicio, en el cual se podían aprender y experimentar los métodos de trabajo del Concilio. A ninguno de los padres se le habría ocurrido ver en dicho texto una "revolución", que hubiese significado el "fin de la Edad Media", como en ese tiempo algunos teólogos debieron haber interpretado.[3]

Todo esto no debe hacer pensar que Ratzinger fuese un lefebvriano *ante litteram.*

Antes bien, él mismo confesó que había participado en la misa de apertura del Concilio "con cierto malestar, porque la celebración era más bien lejana a los principios litúrgicos iluminados, expresados por el movimiento litúrgico..."

Ratzinger insiste con amargura, en su estudio del año de 1963, acerca de la sesión de apertura del Concilio,[4] en que el éxito del evento conciliar probablemente se podía medir por

---

[3] Ratzinger, *La mia vita, cit.*, pp. 87-88.

[4] Ratzinger, *Die erste Sitzungperiode des Zweiten Vatikanischen Konzils. Ein Rückblick, cit.*, p. 11.

la diferencia entre la misa de clausura y la de apertura. Se sintió reconfortado cuando observó que, al final de la primera sesión, las respuestas de la misa eran cantadas al mismo tiempo por los obispos y por todos los presentes.[5]

Hacia la "nueva misa"

Ratzinger explica que la reforma litúrgica conciliar era vista como una continuación de las reformas emprendidas por Pío X y llevadas a cabo con prudencia, pero al mismo tiempo con determinación, por Pío XII.

> Las normas generales —por ejemplo: "los libros litúrgicos, se revisan como antes"—[6] pretendían decir justamente esto: en plena continuidad con ese desarrollo que siempre ha existido, y con los pontífices Pío X y Pío XII, éstas son herederas de las tradiciones romanas clásicas. Esto implicaba obviamente también que se habían superado algunas tendencias de la liturgia barroca y de la piedad de la devoción del siglo XIX, promoviendo un sobrio énfasis de la supremacía del misterio de la presencia de Cristo en su Iglesia.

El Cardenal observa pues que no debe sorprender el hecho de que la nueva "misa normativa" haya sido rechazada por la mayoría de los padres convocados en un Sínodo especial en 1967.

> El que más tarde algunos (¿o muchos?) liturgistas, que estaban presentes como consejeros, desde un principio tuvieran inten-

---

[5] Aidan Nichols, *Joseph Ratzinger*, San Paolo Edizioni, 1996, p. 87. Se trata de la edición italiana de un estudio acerca de la teología de Ratzinger publicado en Inglaterra en 1988.

[6] Constitución de la Sacra Liturgia, *Sacrosanctum Concilium*, cap. III, n. 25.

ciones que iban mucho más allá, ahora se puede deducir de algunas de sus publicaciones; sin duda, no obstante, no hubiesen tenido el consenso de los padres conciliares en cuanto a sus deseos. De cualquier modo, de todo esto no se habla en el texto del Concilio.

Más adelante analizaremos en detalle la profundidad del pensamiento de Ratzinger acerca de la liturgia y de los abusos de la reforma que se llevó a cabo después del Concilio. Se trata de una de las contribuciones más decididas y al mismo tiempo más originales y fidedignas de su reflexión como estudioso, más allá del papel institucional de guardián de la ortodoxia católica.

La posición del "jovencito teólogo"

El profesor Michael Schmaus, el coasesor que le había sugerido muchas ideas al futuro Cardenal para la tesis de preparación a la enseñanza, habrá de definir a Ratzinger como un "jovencito teólogo":[7] en efecto, en el Concilio muy pronto se convierte en un protagonista, junto a Karl Rahner, de la elaboración de un nuevo esquema acerca de las fuentes de la revelación, a solicitud del grupo de obispos alemanes. "El debate acerca de la liturgia fue tranquilo —escribe Ratzinger— y procedió sin tensión alguna. Hubo en cambio un choque dramático cuando fue presentado para su discusión el documento acerca de las fuentes de la revelación." Por fuentes de la revelación se entendían las Sagradas Escrituras y la tradición; la relación entre éstas y el magisterio habían encontrado un sólido tratamiento en las formas de la escolásti-

[7] Tommaso Ricci, *Difesa della fede e realismo. I dieci anni del cardinale Ratzinger,* in *Trentagiorni*, num. 4 (abril de 1992), p. 32.

ca posterior a Trento, sobre el modelo de los manuales en uso en esa época. Mientras tanto, no obstante, el método histórico-crítico de la exégesis bíblica había encontrado un lugar estable también en el seno de la teología católica. Por sí mismo, este método, dada su naturaleza, no tolera ninguna delimitación llevada a cabo por un magisterio autoritativo; en otras palabras, no puede reconocer instancia alguna distinta de aquella del argumento histórico. En consecuencia, también el contexto tradicional se había vuelto problemático, dado que, partiendo del método histórico, no es posible comprender una tradición oral, que procede junto con las Sagradas Escrituras y que se remonta incluso a los Apóstoles, que pueda representar una fuente de conocimiento histórico paralelo al de la Biblia.

Fue así como se empezó a considerar que la Iglesia no podía enseñar nada que no fuese localizado en las Sagradas Escrituras; la exégesis debía someterse al método histórico-crítico y, en consecuencia, "la fe tenía que retirarse en la indeterminación y en la continua mutabilidad de hipótesis históricas o aparentemente tales: al final —observa Ratzinger— creer significaba algo como considerar, tener una opinión sujeta a continuas revisiones". El futuro Cardenal, gracias a sus estudios acerca de Buenaventura y luego acerca del Concilio de Trento, considera imposible definir a las Sagradas Escrituras como "revelación": esta última, en efecto, "es algo vivo, más grande: para que pueda considerarse tal debe llegar a su destino y debe ser percibida... No es un meteoro que se precipita sobre la tierra, que yace en alguna parte como una masa rocosa de la que se pueden extraer muestras de mineral, llevarlos al laboratorio y analizarlos. La revelación tiene por objeto reunir a los hombres y para esta tarea involucra a la Iglesia". Según este planteamiento, como es obvio, la última palabra acerca de la revelación no puede provenir del método histórico-crítico, sino que "de ella forma parte el organismo vital de la fe de todos los siglos". El joven teólogo conciliar, en el clima general de 1962, encuentra dificultades, si no es que imposibilidades, para dar a conocer su perspectiva: "Mi posición simplemente fue incluida en la oposición general al esquema oficial".

El esquema Ratzinger–Rahner

El Cardenal Frings le pide a Ratzinger que ponga por escrito un pequeño esquema para explicar su posición:

> Ante su presencia, pude leer aquel texto a un número de influyentes cardenales, quienes lo juzgaron interesante, pero en ese momento no quisieron, y tampoco podían expresar opinión alguna... Aquel breve ensayo había sido escrito con mucha prisa y no podía ni siquiera remotamente competir en cuanto a solidez y precisión con el esquema oficial.

La reunión tiene lugar el 25 de octubre, en Santa Maria dell'Anima, ante la presencia de muchos cardenales acreditados: además de König, Alfrink, Liénart, Suenens y Döpfner, asisten los italianos Giuseppe Siri y Giovanni Battista Montini. Frings, que había convocado a la reunión, "luego de que la conversación alude por unos momentos a la necesaria inspiración pastoral y a la necesidad de revisar profundamente los esquemas, en particular el *De fontibus,*[8] presenta a Ratzinger para que exponga las líneas de un esquema alternativo".[9] La reacción general, en opinión de Siri, es en-

[8] El relativo a las fuentes de la revelación, *(N. del A).*

[9] Gerald Fogarty, *L'avvio dell'assemblea*, in Giuseppe Alberigo (ed.), *Storia del Concilio Vaticano* II, Peeters/Il Mulino, 1996, volumen II, capítulo 2, p. 105.

tusiasta. Sin embargo, el purpurado genovés enfría los ánimos al decir que el escrito no es digno, por supuesto, de ser equiparado a un documento conciliar. En el curso de una de las múltiples entrevistas concedidas al vaticanista Benny Lai, recogidas en el libro *Il Papa non eletto*, Siri describirá al teólogo alemán como:

> Un joven de rostro común, robusto aunque no bajo de estatura y con una voz delgada. No estoy seguro —agrega Siri—, pero el sacerdote que leyó el proyecto en el colegio alemán podía ser el actual Cardenal Joseph Ratzinger. En el proyecto no había errores o herejías, pero era muy genérico, no valía la pena hacer un concilio para presentar una cosa tan genérica. [10]

Hemos visto que el mismo Ratzinger era muy consciente del hecho de que aquello que estaba presentando no eran más que esbozos, y no un esquema alternativo. Y Montini, el hombre que poco más tarde habría de ser electo Papa, al final de su pontificado habría elegido Arzobispo y luego Cardenal a aquel joven y prometedor teólogo bávaro. ¿Qué pensaba? Siri hace notar que Montini "se comportó bien y colaboró en su exposición, diciendo que ahora es necesario trabajar en lo que ya existe y está bien preparado".

Después de aquel encuentro, se estableció que Ratzinger y Rahner redactaran juntos un segundo y más exhaustivo planteamiento. Se presentó así la oportunidad para que entre ambos teólogos se marcaran aún más las divergencias.

> Este segundo texto —explica el futuro Cardenal en su autobiografía—, que debe atribuirse mucho más a Rahner que a

[10] Benny Lai, *Il Papa non eletto*, Laterza, 1993, p. 193, nota 38.

> mí, se hizo circular poco después entre los padres y, en parte, suscitó ásperas reacciones. Mientras trabajaba con él, aun cuando estábamos de acuerdo en muchos puntos y en muchas aspiraciones, desde el punto de vista teológico vivíamos en dos planetas diferentes.

El esquema de Rahner no fue bien recibido, pero también el texto del esquema oficial fue desaprobado y sólo después de múltiples discusiones, en la última fase de los trabajos conciliares, se pudo llegar a la constitución a partir de la palabra de Dios, la *Dei Verbum*, documento que, por lo demás, observa Ratzinger, "no ha sido comprendido en su justa medida". El futuro Cardenal hará notar que en el documento, en su redacción definitiva y aprobada, había un exceso de optimismo: "El misterio de la iniquidad —el pecado— y su terrible costo para el Dios-hombre en el Calvario, tendía a evaporarse —pensaba él— en la cálida luz de una época optimista".[11] "En un tratado acerca de la salvación —se plantea Ratzinger— ¿no debía acaso haberse mencionado también el misterio de la ira de Dios, de tanto peso en estos capítulos?"

En el verano de 1963, antes del inicio de la segunda sesión del Concilio, el teólogo se transfiere a Münster, para enseñar dogmática. En diciembre de ese mismo año, luego de algunos meses de enfermedad, muere la madre de Ratzinger: "La luz de su bondad se ha quedado y para mí se ha vuelto cada vez más una concreta demostración de la fe de la que ella se había dejado impregnar".[12]

---

[11] Nichols, *Joseph Ratzinger*, *cit.*, p. 92.

[12] *Einleitung zum Comentar zur Offenbarungskonstitution des* II. *Vaticanums und Kommentar zu Kap. 1, 2 und 6 der Konstitution,* en *LexThK,* Ergäzungsband II, p. 509.

Colegiación en la Iglesia

Algunos escritos de los años del Concilio, o comentarios a los documentos conciliares, dieron pie a estudiosos y periodistas para hablar de un Ratzinger "progresista" que sucesivamente habría de contradecirse. Entre los múltiples ejemplos citados por John L. Allen en su *Cardinal Ratzinger*, vale la pena referir los ejemplos relativos a la colegiación y a la relación entre las conferencias episcopales, los obispos y la Santa Sede, temas que serán objeto de reflexión y de intervenciones de autoridad por parte de la Congregación para la Doctrina de la Fe en los años siguientes. En el año 1965, en un ensayo publicado en la revista *Concilium*, el futuro Cardenal escribía:

> Permítanme detenerme un momento en las conferencias episcopales, puesto que justamente éstas parecen ofrecernos hoy el mejor medio para el ejercicio de una concreta pluralidad en la unidad. Las conferencias tienen su prototipo en los distintos "colegios" regionales de la Iglesia antigua. Asimismo, representan una forma legítima de la estructura colegial de la Iglesia. No es raro escuchar la opinión según la cual las conferencias episcopales carecen de toda base teológica y, en consecuencia, no deberían actuar de una manera que resulte obligatoria para un Obispo. El concepto de colegiación, se dice, puede aplicarse sólo a la acción común del episcopado entero. Aquí, tenemos el caso en el cual una sistematización unilateral y antihistórica falla... Más bien, queremos decir que el concepto de colegiación, además de la misión de unidad que compete al Papa, representa un elemento de variedad y de adaptabilidad que pertenece básicamente a la estructura de la Iglesia, pero puede ser realizado de maneras diversas. La colegiación de los obispos significa que ellos pueden ser en la Iglesia (junto al primado y sometidos al primado que

garantiza la unidad) una ordenada pluralidad. Las conferencias episcopales, pues, representan una de las posibles formas de colegiación que aquí encontramos realizada parcialmente pero con una visión acerca de la totalidad.[13]

Un año más tarde, en 1966, Ratzinger escribirá: "La Iglesia es esencialmente plural, es una *communio*, la centralización tiene sus límites, y sus actos eclesiásticos en el nivel nacional, regional o diocesano tienen su importancia".[14] Posiciones que contrastan con la imagen del "prefecto de hierro", del gran inquisidor, que aparecerán en las páginas de los periódicos durante años. A propósito de este tema, otro caso que hay que recordar, para bosquejar un rápido retrato del Ratzinger "progresista", tiene que ver con la famosa *Nota Praevia*, que el Papa Montini quiso anexar a la constitución dogmática conciliar acerca de la Iglesia, *Lumen Gentium*. Se trata de una nota explicativa (llamada previa, pero publicada al final del documento) con la cual Paulo VI pretendía impedir el riesgo de que se minara la autoridad papal. En este breve texto, se reconfirma que la colegiación debe entenderse siempre *cum Petro* y *sub Petro*, en otras palabras, con el Papa y bajo el Papa: el colegio, en suma, "no se da sin el jefe".[15] El futuro Cardenal definirá la formulación de la nota como "una formulación infeliz".[16]

La intervención del pontífice en el debate acerca del gobierno de la Iglesia, en el origen de la *Nota Praevia*, estaba destinada —afirmaba Ratzinger— a remarcar que la doctrina ahora estaba orientada en sentido "primacial".

---

[13] Joseph Ratzinger, *Le implicazioni pastorali della gollegialitá*, en "Concilium", núm. 1 (1965), p. 30.

[14] La frase está tomada del *Commento ai documenti del Vaticano* II, volúmen I, p. 304, editado por Herbert Vorgrimler.

[15] Concilio Ecuménico Vaticano II, *Constituzioni, decreti e dichiarazioni. Nota esplicativa previa*, Editrice Domani, 1966.

[16] Citado por Giancarlo Zizola, *Il Conclave*, Newton Compton Editori, 1993, p. 254.

Él consideró, no obstante —hace notar Aidan Nichols, el dominico inglés autor de un ensayo acerca de la teología del Cardenal— que era importante reconocer —incluso para ir en contra, en el ecumenismo, de las Iglesias separadas del Este— que el Papa ejercía muchas de sus funciones en Occidente no como primado universal, sino más bien como patriarca occidental.

El "arrepentimiento"

Con todo, empieza ya entonces, durante el curso del Concilio, un lento y progresivo distanciamiento del futuro prefecto de las corrientes teológicas que estaban de moda.

Cada vez que yo regresaba a Roma, encontraba en la Iglesia y entre los teólogos un estado de ánimo cada vez más agitado. Cada vez crecía más la impresión de que en la Iglesia no había ninguna estabilidad, que todo podía ser objeto de revisión. Cada vez más, el Concilio se parecía a un gran parlamento eclesial, que podía cambiarlo todo y revolucionar cada cosa a su modo. Cada vez era más evidente el aumento del resentimiento en lo relativo a Roma y a la Curia, que resultaban ser el verdadero enemigo de toda novedad y progreso.

Los estudiosos de teología se vuelven preponderantes, parecen dictar leyes a los obispos, los cuales dependen de las investigaciones y de los descubrimientos de ellos.

En la Iglesia católica, por lo menos en el aspecto de su opinión pública, todo acababa siendo objeto de revisión, incluso la profesión de fe no parecía ya intangible, sino sujeta a las verificaciones de los estudiosos. Tras esta tendencia, y luego, tras el predominio de los especialistas, se percibía ya algo distinto, la idea de una soberanía eclesial popular, en la que el pueblo mismo establece lo que quiere entender con el término Iglesia... Se anunciaba así la idea de "Iglesia desde abajo", de "Iglesia del pueblo".

Si bien es cierto que al regreso del primer periodo conciliar Joseph Ratzinger se había sentido "apoyado por el sentimiento de entusiasta renovación" que reinaba por doquier, a medida que iban pasando los meses y que el Vaticano II procedía a duras penas en sus trabajos, en el futuro Cardenal crecía en cambio una inquietud. Si bien es cierto que en el curso de una conferencia en el año de 1965 identifica entre las posibles amenazas que pesan sobre el proceso de reforma conciliar la de reducirlo a una simple y llana "modernización", o cerrar filas por miedo al mundo "en el estrecho *ghetto* de una ortodoxia que no sospecha ni siquiera su esterilidad, y que en todo caso se vuelve tanto más ineficaz cuanto más neciamente lleva a cabo su tarea"; y si bien es cierto que otra vez en 1968 exhorta con denuedo al ex Santo Oficio a reconocer la legitimidad de las escuelas teológicas convirtiéndose en defensor de la libertad de investigación y de opinión de los teólogos, no menos cierto es que una intervención de su parte en el "Katholikentag" de Bamberg (1966) marca la separación entre el Ratzinger "progresista" y el que conocemos hoy. En realidad, como explicará él mismo, "los que han cambiado son los demás, no yo". Esa conferencia representa una primera señal de alarma "frente al cambio que se había producido en el seno del clima eclesial". Un timbre que no obstante casi nadie nota, aun cuando el Cardenal Julius Döpfner, Arzobispo de Munich, se asombra por los "rasgos conservadores" que le había parecido vislumbrar en las palabras del teólogo destinado a sucederlo algunos años después en la cátedra episcopal bávara.

En la turbulenta Tubingen

Disputado por todas las universidades, Joseph Ratzinger deja Münster y llega a Tubingen, donde fue invitado en repetidas ocasiones por Hans Küng, el teólogo contra el cual se abatirá en 1979 la censura de la Congregación para la Doctrina de la Fe dirigida aún, en esa época, por el Cardenal croata Franjo Seper. La relación entre Ratzinger y Küng es buena, a pesar de las diferencias. El futuro Cardenal se dedica a un proyecto "cultivado silenciosamente desde hace ya diez años", consolidándose en un curso que se dirige a los estudiantes de todas las facultades con el título de "Introducción al cristianismo". De estas lecciones nacerá un libro que será traducido a diecisiete lenguas y reimpreso en múltiples ocasiones.[17] El efecto en las universidades de Tubingen, no obstante, es drástico: el modo de pensar determinado por la teología de Rudolf Bultmann y por la filosofía existencialista de Heidegger es sustituido por el esquema marxista. "Algunos años antes nos hubiésemos podido esperar que las facultades de teología hubiesen sido un valuarte en contra de la tentación marxista. Ahora, en cambio, ocurría justamente lo contrario: éstas se convertían en el centro ideológico." La destrucción de la teología que ocurría a través de su politización en dirección del mesianismo marxista, según Ratzinger, era mucho más peligrosa que las insidias anteriores, "justamente porque se basaba en la esperanza bíblica, pero la alteraba a tal punto que conservaba el fervor religioso, eliminando empero a Dios y sustituyéndolo con la acción política del hombre".

---

[17] El libro *Introduzione al Cristianesimo* es considerado en los círculos progresistas como la prueba del "cambio" de Ratzinger: según estos círculos, en este libro se encuentra, *in nuce*, la teoría del nuevo pensamiento católico antimoderno e integrista que encontrará expresiones en el pontificado de Juan Pablo II.

> Sigue existiendo la esperanza, pero en lugar de Dios aparece el partido y, más tarde, el totalitarismo de un culto ateísta... Vi sin ningún velo el rostro cruel de esta devoción ateísta, el terror psicológico, el desenfreno con el cual se llegaba a renunciar a toda reflexión moral, considerada como un residuo burgués, allí donde se cuestionaba el fin ideológico.

Así pues, en 1969, Ratzinger decide abandonar la turbulenta Tubingen para refugiarse en la más tranquila Ratisbon. La experiencia del 68 convertirá al futuro Cardenal en una persona hipersensible a los peligros relativos a la ideología marxista. En una entrevista concedida en el año de 1985 al *New York Times*, narrará lo siguiente:

> Aprendí que es imposible discutir con el terror... y que una discusión se vuelve colaboración con el terror... creo que en esos años aprendí dónde debe interrumpirse la discusión con el propósito de que no se convierta en mentira y dónde debe iniciar la resistencia, con el propósito de salvaguardar la libertad.

Diez años antes, casi en la víspera del nombramiento como Obispo de Munich, durante una convención de los teólogos vénetos en el Centro de Cultura Cimbria,[18] Ratzinger se expresó así acerca del marxismo:

> Cristianismo y marxismo tienen ideas muy cercanas. Ambos entienden que el hombre tiende a ir más allá de su propio encierro, que siempre le es necesario el Éxodo y sus bienes, hacia una novedad de la historia. Sólo que la respuesta del marxismo ante la intolerabilidad del mundo parte de promesas falsas. Pero la cuestión que el marxismo plantea es verdadera.

---

[18] La reunión tuvo lugar en Roma, en la parte alta de Aciago, el 3 de abril de 1975.

De *Concilium* a *Communio*

Los primeros años en Ratisbon coinciden con algunos acontecimientos importantes en la vida de Ratzinger. Es llamado a formar parte de la Comisión Pontificia Teológica Internacional, un organismo que Paulo VI instituye a petición del ala progresista concilial para dar continuidad a la nueva función reconocida a los teólogos en aquellos años. En otras palabras, para actuar de tal manera que los modernos avances de la investigación teológica pudiesen desde un principio ser considerados en las decisiones de los obispos y de la Santa Sede.

> Por lo demás, el Concilio —observa el futuro prefecto— había dado la impresión de que la teología de la cual partían los funcionarios pontificios y la que se llevaba a cabo en las diversas iglesias locales procedían en direcciones del todo divergentes; tal división no podía tener efecto. Además, existía también la idea de hacer de la Comisión Teológica un contrapeso a la Congregación para la Doctrina de la Fe o, por lo menos, de ofrecerle un nuevo y articulado *brain-trust*. Algunos esperaban que este nuevo órgano proveyera alguna suerte de revolución permanente.

Así pues, Ratzinger se encuentra con teólogos como Henri De Lubac, Hans Urs von Baltasar, Jorge Medina,[19] Philippe Delhaie, M. J. Le Guillou. Y a pesar de que su nombre figura entre los de los cofundadores de la revista progresista *Concilium,* Ratzinger participa activamente en el nacimien-

---

[19] Coetáneo de Joseph Ratzinger, el teólogo chileno Jorge Medina será Obispo y más tarde lo llamará el Papa Wojtyla, en 1996, a cubrir la función de Prefecto de la Congregación para el Culto Divino y la Disciplina de los Sacramentos, y más tarde llegará a ser Cardenal en el consistorio de febrero de 1998.

to y en la difusión de una nueva revista, que funcionará como desdoro de la primera, llamada *Communio*.

> En un inicio parecía que el proyecto debía de realizarse en Alemania y en Francia. Mientras tanto, Baltasar había conocido en Milán al fundador del movimiento de "Comunión y Liberación", el padre Luigi Giussani, y sus prometedores jóvenes. Así, la revista se publicó primero en Alemania y en Italia.

Entre los teólogos que se adhirieron a la iniciativa está también el alemán Karl Lehmann,[20] quien en esa época enseñaba teología dogmática en Friburgo.

[20] Nombrado Arzobispo de Maguncia, Lehmann será nombrado Cardenal en el consistorio de febrero de 2001.

V

De Arzobispo a "inquisidor"

Joseph Ratzinger vive en Ratisbona" en una casa con jardín en compañía de la hermana Maria. También el hermano se encuentra allí como maestro del coro de la catedral. Sin embargo, la vida del teólogo está destinada a ser alterada: deberá abandonar los libros, la tesis de licenciatura, los estudios. Y dedicarse, en cambio, de tiempo completo a esa actividad pastoral de la que sólo había tenido una breve experiencia inmediatamente después de haberse ordenado sacerdote.

El 24 de julio de 1976 muere repentinamente el Cardenal Julios Döpfner, Arzobispo de Munich y Frisinga. Joseph Ratzinger tiene apenas 49 años, pero inmediatamente circulan voces que lo señalan entre los candidatos para la sucesión. "No podía tomarlas muy en serio, puesto que los límites de mi salud eran tan conocidos[1] como mi desconocimiento de las tareas de gobierno y de la administración; sentía el llamado a una vida de estudioso y nunca había tenido la idea de nada distinto".

[1] La salud de Joseph Ratzinger siempre había sido férrea. Sin embargo, para él había resultado agotador el periodo conciliar y el periodo de los continuos viajes entre Münster y Tubingen.

La irresistible carrera del brillante teólogo se ve claramente favorecida por la estima que Paulo VI manifiesta hacia él. Cuando todavía era Cardenal, al inicio del Concilio, el Arzobispo de Milán Giovanni Battista Montini, había dicho que había que esperar grandes cosas de dos personas que iban a figurar en el centro de la atención mundial durante el Concilio Vaticano II: Hans Küng y Joseph Ratzinger. Sobre el primero de ellos, como se sabe, se abatirá en cambio el hacha del ex Santo Oficio a causa de sus enseñanzas no conformes a la doctrina católica. El segundo, en cambio, será llamado por Paulo VI a formar parte de la Pontificia Comisión Teológica Internacional. La designación de estimados teólogos y estudiosos a la cabeza de importantes cátedras obispales, que caracterizará también al pontificado de Juan Pablo II,[2] tiene inicio con el Papa Montini. En el Vaticano, Ratzinger puede contar con otro grande e influyente amigo: Giovanni Benelli el sustituto en la Secretaría de Estado, que poco más tarde —como se verá— tendrá que abandonar Roma para convertirse en el Arzobispo de Florencia. Su intervención será decisiva para la púrpura del neo-electo pastor de Munich y Frisinga. Precisamente en la Secretaría del sustituto Benelli en aquellos años trabaja, por lo demás, un monseñor alemán, Karl-Josef Rauber, actualmente Arzobispo y nuncio apostólico en Hungría.

La llamada telefónica del nuncio

Desde la muerte repentina de Döpfner hasta el nombramiento de su sucesor, transcurren siete meses. En marzo de 1977,

[2] Baste pensar en el nombramiento de Carlo Maria Martini como Arzobispo de Milán, de Christoph Schönborn como Arzobispo de Viena, de Walter Kasper como Obispo de Stutgart, de Angelo Scola como patriarca de Venecia.

el nuncio apostólico en Alemania, Guido del Mestri, con un pretexto le hace una visita a Ratzinger en la ciudad de Ratisbon. "Charló conmigo de cosas sin importancia y, al final, puso entre mis manos una carta que yo debía leer en casa; reflexionando sobre su contenido, la misiva contenía mi nombramiento como Arzobispo de Munich y Frisinga. Fue para mi una decisión en extremo difícil."[3]

Al neo-electo se le concedió consultar a su confesor. "Hablé de ello con el profesor Auer, quien conocía de manera muy real mis límites teológicos y humanos. Yo esperaba que me disuadiera. Sin embargo, para mi sorpresa, me dijo sin titubear: 'Debes aceptar'."

Así, después de expresar nuevamente todas sus dudas a Del Mestri, Ratzinger escribe, en papel membretado del hotel del nuncio, una declaración de aceptación del cargo. La noticia se publicó el 24 de marzo de 1977.

Como ya había ocurrido para la orden sacerdotal, también esta vez Ratzinger llega agotado al gran día.

"Las semanas previas a la consagración fueron muy difíciles. Interiormente, yo seguía teniendo muchas dudas y, además de eso, tenía ante mí un cúmulo de trabajo pendiente, así que llegué casi exhausto al día de la consagración."

> Era un radiante día de inicios del verano, la víspera de Pentecostés de 1977. La catedral de Munich, que luego de la reconstrucción posterior a la Segunda Guerra Mundial daba una impresión de sobriedad, estaba magníficamente adornada y transmitía un ambiente de alegría, que contagiaba de manera realmente irresistible. Experimenté la realidad del sacramento, de que ocurre verdaderamente algo real.

---

[3] Ratzinger, *La mia vita*, *cit.*, p. 117.

El emblema con el oso

El lema que Joseph Ratzinger escoge para su emblema episcopal dice: *Cooperatoris veritatis*, (Colaboradores de la verdad), dos palabras de la tercera Epístola de San Juan. "A mí me parecía que podían representar muy bien la continuidad entre mi tarea anterior y el nuevo encargo: si bien con todas las diferencias, se trataba y se sigue tratando de lo mismo, seguir la verdad, ponerse a su servicio." Sobre el escudo del emblema se ven las cabezas de dos moros coronados, un oso con la alforja y una concha. El moro coronado se encontraba desde hace más o menos mil años en los emblemas de los obispos de Frisinga y se ha perdido toda huella de su significado: "Para mí, es la expresión de la universalidad de la Iglesia, que no conoce distinción alguna de raza y de clase, puesto que todos nosotros "somos uno en Cristo". Además de "heredar" a los moros, el nuevo Arzobispo escoge las otras dos figuras; la concha, "que es sobre todo la señal de nuestra condición de peregrinos, de nuestro estar en el camino", y que trae a la memoria de Ratzinger la narración sobre San Agustín y el niño encontrado en la playa, mientras trataba de llenar con una concha un hoyo cavado en la arena para poner en él toda el agua del mar. San Agustín, que hacía esfuerzos mentales para comprender el misterio de la Trinidad, supuestamente oyó que el niño le respondía: "Es tan poca el agua del mar que este hoyo puede contener, cuanto poco puede entender tu razón acerca del misterio de Dios". Y por último el oso, que recuerda la leyenda de Corbiniano, fundador de la diócesis de Frisinga. En efecto, se cuenta que un oso había devorado el caballo del santo, mientras se dirigía a Roma. Corbiniano lo regañó enérgicamente por aquel daño, y como castigo le puso sobre las espaldas el fardo que hasta ese momento había sido transportado por el caballo. "El oso que sustituía al caballo, o más probablemente, la mula de San Corbiniano, habiéndose convertido —contra su voluntad— en su animal de carga, ¿no era acaso y sigue siendo una imagen de lo que debo ser y de lo que soy?"

Del violeta al púrpura

El nuevo Arzobispo de Munich y Frisinga es consagrado el 28 de mayo de 1977. Menos de un mes después, ya debe poner definitivamente en un desván las túnicas episcopales violeta, las fajas y los capelos del mismo color. Paulo VI, el 27 de junio de aquel mismo año, en efecto, lo hace Cardenal. El anuncio del nuevo e inesperado[4] consistorio es comunicado la mañana del 3 de junio, junto al nombramiento de Giovanni Benelli como Arzobispo de Florencia. La separación de este último de la Secretaría de Estado y de la Curia Romana, que propiciaron —según algunos— diversos personajes y grupos de presión,[5] para los cuales Benelli se había vuelto demasiado importante y poderoso, se destinará a influir directamente en el cardenalato de Ratzinger y luego en su ingreso en los dos cónclaves de 1978.

[4] Paulo VI había celebrado uno el año anterior, el 24 de mayo de 1976: había restablecido el *plenum* del Sagrado Colegio (120 miembros menores, de ochenta años y que por lo tanto tenían el derecho de entrar al cónclave) elevando a la púrpura a veinte nuevos cardenales y anunciando que se reservaba uno más *in pectore.*

[5] "El anuncio suscitó emoción, se habló de victoria de Pasquale Macchi (secretario personal del Papa, (*N. del A.*), de satisfacción de Villot (Cardenal Secretario de Estado, (*N. del A.*)..." Así recuerda aquel 3 de junio el vaticanista Benny Lai en su libro *I segreti del Vaticano* (Laterza, 1984), recordando incluso que entonces alguien habló de "presiones" del *Opus Dei.* Durante su permanencia en la nunciatura en España, Benelli no había aprobado las conductas de algunos de los miembros de la Obra. En honor a la verdad, creemos que esto no le impidió firmar, en mayo de 1979, una carta postulatoria que contenía expresiones de gran estima para el fundador del *Opus Dei*, José María Escrivá de Balaguer.

> El Papa Montini, que estimaba en gran medida a Benelli, lo mandó llamar y con lágrimas en los ojos le propuso que escogiera entre dos sedes cardenalicias en ese momento disponibles, a causa de que habían alcanzado los límites de edad sus respectivos titulares: Turín[6] y Florencia. Entonces, Paulo VI le dijo que en ocasión de la publicación del nombramiento iba a anunciar un consistorio de modo que el nuevo Arzobispo no fuese separado de Roma sin la púrpura.[7]

Sin duda, en esta decisión habrá pesado la experiencia personal de Montini, nombrado Arzobispo de Milán en noviembre de 1954 por Pío XII, el Papa de quien había sido un estrecho colaborador antes como sustituto y luego como subsecretario de Estado, pero separado de Roma sin el capelo cardenalicio y, por lo tanto, excluido del cónclave que en octubre de 1958 eligió a Juan XXIII. Montini será el primero de los cardenales nombrados por el Papa Roncalli, después de haber esperado la púrpura durante casi cuatro años. Presintiendo que el fin se acercaba, Paulo VI quiso asegurarle a Benelli el ingreso al cónclave y, tal vez con este paso a la diócesis, hacer de él un posible candidato a su sucesión.

Sin embargo, durante aquella entrevista padecida entre el pontífice y el sustituto aconteció algo más. "Paulo VI le dijo a Benelli que decidiera él los nombres de los otros cardenales que habrían de recibir la púrpura el 27 de junio." Entre éstos debía estar el Cardenal *in pectore* cuyo nombre se había mantenido en reserva desde el año anterior, el Arzobispo de Praga, Frantisek Tomasek. Benelli eligió al neo-Arzobispo de Munich, Joseph Ratzinger, al africano Bernardin Gantin,

[6] En Turín será nombrado luego, el 1 de agosto de 1977, el carmelita Anastasio Ballestero.

[7] Un testimonio que le llegó al autor por parte de un notable prelado vaticano, colaborador estrecho de monseñor Benelli, que desea conservar en el anonimato. Este hecho le fue referido personalmente por el Arzobispo.

por entonces vicepresidente de *Iustitia et pax* al dominico italiano Luigi Ciappi, teólogo de la Casa Pontificia. Un miniconsistorio, escribieron los periódicos, "organizado *ad hoc* para Benelli".

Al convertirse en Cardenal, Ratzinger obtiene el "título" de una parroquia romana, Santa Maria Consolatrice al Tiburtino. Se convierte realmente en su protector y la considera, casi, como un pedazo de la diócesis de Munich en Roma. Les pide visitarla a todos los peregrinos alemanes que pasan por la capital de la cristiandad, y él mismo no pierde oportunidad para celebrar allí la misa. Incluso después de su traslado al Vaticano seguirá siendo fiel a su parroquia.[8]

Ratzinger, elector del Papa

El joven teólogo, con apenas 50 años, es un príncipe de la Iglesia, justo como aquel Michael Faulhaber, antiguo Arzobispo de Munich, al que de niño había admirado mientras avanza elegante, vestido con la púrpura. Un año más tarde, el 6 de agosto de 1978, el Papa Montini muere en soledad en Castelgandolfo, luego de una enfermedad que tiene una duración de apenas tres días. Es durante los días del interregno entre la desaparición de Paulo VI y la elección de Juan Pablo I, cuando Ratzinger encuentra y conoce a su colega de Cracovia, Karol Wojtyla. Ambos se intercambiaban libros y publicaciones ya desde 1974. Se seguían a distancia y "descubrieron varias coincidencias en su análisis de la situación de la Iglesia".[9] Ya hemos tenido modo de ver que antes de ser incluido en la jerarquía eclesiástica Ratzinger

[8] En abril de 1993, Joseph Ratzinger será promovido a la orden de los cardenales-obispos y obtendrá el título de la Iglesia Suburbicaria de Velletri-Segni.

[9] George Weigel, *Testimone della speranza*, Mondadori, 1999, p. 304.

se había apartado de lo que había ocurrido en el postconcilio. Consideraba que la Iglesia había quedado atrapada en una "crisis espiritual global, de la humanidad o, de cualquier modo, del mundo occidental".[10] Y que a esta crisis la Iglesia no había respondido como habrían esperado los padres conciliares, los cuales habían caído en la trampa de una lectura optimista en exceso.

> Para obtener una eficaz aplicación del Concilio —escribe George Weigel, al resumir las ideas de Ratzinger— y del servicio de la Iglesia en el mundo, la solución no había que buscarla en la reestructuración de la burocracia eclesiástica internacional, nacional y local. La "cuestión crucial" era ver "si existen... santos dispuestos a hacer algo nuevo y vivo".

El verdadero director del cónclave que inicia la tarde del 25 de agosto es el Cardenal de Florencia, Giovanni Benelli. Su candidato es el patriarca de Venecia, Albino Luciani, quien es elegido apenas después de un día de votaciones,[11] la tarde del 26 de agosto de 1978. La Iglesia encontró a su pastor en el humilde y discreto purpurado véneto, que muere repentina e inesperadamente apenas 33 días después de las elecciones, para dejar una irreparable nostalgia en el corazón de los sencillos fieles a los cuales se dirigía cuando catequizaba. La desaparición de Juan Pablo I, recuerda el Cardenal Ratzinger, había llevado al Sagrado Colegio a un examen de conciencia:

---

[10] El juicio es referido en Joseph Ratzinger, *Elementi di Teologia Fondamentale*, Morcelliana, 1986.

[11] El cónclave de agosto de 1978, y el que en marzo de 1939 llevó al solio a Eugenio Pacelli, con una duración de menos de 24 horas, fueron los más rápidos del siglo xx.

¿Qué desea Dios de nosotros en este momento? Estábamos convencidos de que la elección se había desarrollado en armonía con la voluntad divina, no simplemente con la voluntad humana... y si un mes después de ser electo según la voluntad divina, él había muerto, Dios pretendía comunicar algo.[12]

Ratzinger y Juan Pablo II

Al segundo cónclave, los purpurados llegan en un clima de incertidumbre. Hay quien piensa que el elegido será de nuevo un italiano y que las mayores posibilidades las tiene el Arzobispo de Génova, Giuseppe Siri, el más votado después de Luciani pocas semanas antes. Hay quien auspicia una victoria de Benelli. Pero también hay quien trabaja, en la sombra, para un candidato no italiano. Es el Cardenal austriaco Franz König, Arzobispo de Viena. En los días que preceden a la elección del primer Papa polaco de la historia de la Iglesia, también el Cardenal de Munich hace algunas declaraciones interesantes, que habrían de pesar. Aun cuando la salida estaba determinada por la ocasión de las elecciones en Asia, se trataba de una señal precisa: el 8 de octubre, en una entrevista publicada por la *Frankfurter Allgemeine Zeitung*, Ratzinger afirmaba que el próximo cónclave habría de someterse a la "presión de las fuerzas de izquierda"; recordaba las críticas hechas por Juan Pablo I a la Teología de la Liberación, ponía en claro que en la Iglesia católica no debía existir "ningún compromiso histórico" similar a la alianza entre los euro comunistas italianos y la Democracia Cristiana.[13] Indicaba la

[12] Entrevista entre George Weigel y el Cardenal Ratzinger, referido en Weigel, *Testimone della speranza*, *cit.*, p. 314.

[13] Recordamos que el compromiso histórico fue una operación conducida por dos hombres políticos extremadamente ligados con Montini desde los tiempos en que era joven asesor de la Fuci: Aldo Moro y Giulio Andreotti.

necesidad de un guía fuerte de la Iglesia, necesario no sólo por exigencias internas, sino también por emergencias políticas internacionales, tan graves que dejaban prever "una fase aguda en la crisis de la distensión con la consiguiente presión de la URSS sobre Europa occidental".[14]

Wojtyla entendió. Significaba que un grupo de cardenales alemanes y de otros países iba a bloquear el intento reaccionario del Cardenal Siri y de sus amigos de la Curia Romana, pero no estaba dispuesto a aceptar a un Papa de "izquierda". El eslogan "fieles al Concilio, pero cerrados a la izquierda", como descripción del candidato ideal, empezó a surtir efecto en muchos cardenales moderados.[15] En el cónclave se insertó, pues, un elemento geopolítico. Se perfila el rostro de un Papa proveniente del otro lado de la cortina. Karol Wojtyla es elegido el segundo día de votaciones, el lunes 16 de octubre de 1978, después de que por un día los cardenales italianos Siri y Benelli se enfrentaron y se eliminaron mutuamente de la "competencia". Según dos periodistas,[16] Ratzinger supuestamente desempeñó un papel importante en la designación del Cardenal de Cracovia, haciendo que confluyeran en él los votos de los alemanes en la última votación.

Al día siguiente de la elección, Juan Pablo II da su primer discurso a los cardenales: dice que es necesaria completa ejecución de las normas del Concilio Vaticano II, sostiene que es preciso recobrar las riendas de la constitución conciliar sobre la Iglesia para una "renovada y corroborante meditación acerca de la naturaleza y la función, tanto del modo de ser, como de obrar de la Iglesia". "Lo que el Papa Wojtyla enunció —observa Weigel— era la estrategia que había dis-

[14] Zizola, *Il Conclave, cit.*, p. 297.

[15] Carl Bernstein - Marco Politi, *Sua Santitá*, Rizzolo, 1996, p. 169.

[16] Tad Szuluc, autor de la biografía *Pope John Paul* II*: The Biography*, Scribner, 1995 y Peter Hebbleywaite, autor de diversos artículos y ensayos sobre los cónclaves.

cutido con el Cardenal Ratzinger antes del cónclave de agosto: la propuesta de la Iglesia al mundo moderno debía tener un carácter puramente católico y cristiano."

El aprecio del nuevo Papa por el Cardenal de Munich se manifiesta de inmediato. "Lo tendremos en Roma", le dice Wojtyla a Ratzinger, ofreciéndole el puesto hasta ese momento ocupado por el casi octagenario purpurado francés Gabriel Garrone: el de Prefecto de la Congregación para la Educación Católica. El prelado alemán, no obstante, deniega, arguyendo que de ese modo iba a dejar su diócesis demasiado pronto.[17] Sin embargo, el Papa no ceja en su empeño: nombra a Ratzinger conferencista del sínodo especial sobre la familia que se lleva a cabo en Roma en el año de 1980, durante el cual se ratifica la posición de la encíclica *Humanae vitae* de Paulo VI. En noviembre de ese mismo año, Juan Pablo II visita Baviera. Exactamente doce meses después, el brillante Arzobispo de Munich tiene que ceder y obedecer, trasladándose a Roma. No puede "decir no por segunda vez". Si prestamos atención a las indiscreciones de la prensa alemana, además, al parecer Ratzinger rechazó gentilmente un llamado a Roma que le hizo el Papa Luciani, y que habría ocurrido "el mismo día de su entronización".[18]

Prefecto de la Fe

La llamada telefónica parte de Bonn y llega hasta el Arzobispo de Munich el sábado 21 de noviembre de 1981. El nuncio apostólico le comunica al Cardenal la decisión de Wojtyla. El 25 de noviembre se da a conocer el nombramiento curial más

[17] Allen, *Cardinal Ratzinger*, *cit.*, p. 122.

[18] Tommaso Ricci, "... *e la Congregazione tornó in auge*", en *Trentagiorni*, num. 10, (noviembre de 1986), p. 44.

importante del papado de Juan Pablo II: Joseph Ratzinger es el nuevo Prefecto de la Congregación para la Doctrina de la Fe, el ex Santo Oficio. El portavoz del Papa lo definirá como una "elección personal del Papa", y no es difícil creerle. Es el inicio de una colaboración que proseguirá sin interrupciones: Ratzinger es el prefecto que ostenta la permanencia más larga como jefe de un dicasterio romano, prácticamente fue el "guardián" de la ortodoxia católica durante casi todo el largo pontificado wojtyliano. El Arzobispo de Munich suple al Cardenal croata, de 76 años, Franjo Seper, ya enfermo,[19] el cual a su vez había sido, trece años antes, sucesor del "soldado de la Iglesia" Alfredo Ottaviani.

El nombramiento de Ratzinger demostraba la atención de Wojtyla por la teología y por los teólogos. La designación "de un hombre de su estatura intelectual —observa Weigel—, más que de un veterano de la Curia, era una demostración de la voluntad del Papa por promover una verdadera renovación teológica". Con Ratzinger se rompe una tradición secular, que siempre había conocido a tomistas como guardianes de la ortodoxia católica. En cambio, es un tomista el número dos de la congregación, el Arzobispo dominico belga Jerome Hamer, teólogo, secretario del ex Santo Oficio desde 1973, quien ayudará a Ratzinger aún por dos años antes de que lo promuevan a la cabeza de la Congregación de los religiosos.

La "Inquisición romana"

Diferente de la Inquisición española, la Inquisición romana, llamada en lo sucesivo Santo Oficio, fue fundada en

[19] El Cardenal Seper morirá debido a una crisis cardiaca en el Policlínico Gemelli durante la noche entre el 29 y el 30 de diciembre de 1981, un mes después del nombramiento de Ratzinger.

el año de 1542 por Pablo III. Para dar cuerpo a la reforma católica y contrarrestar las herejías que llegaban de Alemania y Suiza, el Papa instituyó un organismo especial compuesto por seis cardenales que tenían el poder de intervenir dondequiera que se considerase necesario. Al inicio, la nueva institución no tenía carácter permanente. Según Vittorio Messori:

> No sufrió nunca ingerencias del poder secular y se adecuó a procedimientos precisos y de algún modo garantizados, por lo menos relativamente a la situación jurídica de los tiempos y a la aspereza de las luchas de religión. Una cosa que, en cambio, no ocurrió con la Inquisición española, que fue algo muy distinto: en efecto, fue un tribunal del rey de España, un instrumento del absolutismo estatal que, surgido en sus orígenes contra hebreos y musulmanes sospechosos de "falsa conversión" a un catolicismo entendido por la Corona como instrumento incluso político, a menudo actuó en contraste con Roma.[20]

El Santo Oficio fue la primera congregación vaticana en ser reformada por Paulo VI, como un *motu proprio* que lleva la fecha del 7 de diciembre de 1965, último día del Concilio. Pese a que cambiaron sus procedimientos, la reforma confirmó la tarea de velar por la fe y por la "sana doctrina" asignándole no obstante nuevas tareas y un papel positivo: de estímulo, de propuesta, de indicación.

> Nunca le habría aceptado este servicio a la Iglesia —dijo Ratzinger en el libro de entrevistas escrito por Messori— si mi tarea hubiese sido ante todo la del control. Con la reforma, nuestra Congregación conservó las tareas de decisión y de interven-

[20] Vittorio Messori (ed.), *Rapporto sulla fede. Intervista con Joseph Ratzinger,* San Paolo Edizioni, 1985, p. 17.

> ción, pero el *motu proprio* de Paulo VI le impone como objetivo prioritario el papel constructivo de "promover la sana doctrina para darles nuevas energías a los anunciadores del Evangelio". Naturalmente, somos llamados como antes a velar, a "corregir los errores y conducir por la buena senda a los errantes", como dice el mismo documento, pero esta defensa de la fe debe estar dirigida a su promoción.

Las motivaciones y el estilo de su largo servicio como guardián de la doctrina están ya recogidos en una homilía del Arzobispo Ratzinger del 31 de diciembre de 1979 en el *Liebfrauendom* de Munich: "El magisterio eclesial protege la fe de la gente sencilla; de aquellos que no escriben libros, que no hablan en la televisión y no pueden escribir artículos editoriales en los periódicos: ésta es su tarea democrática. Debe dar voz a aquellos que no tienen voz".[21]

El nuevo prefecto se estableció definitivamente en la ciudad eterna a fines de febrero de 1982. Desde aquel momento, el purpurado alemán empieza a ver regularmente al Papa. Va a verlo cada viernes en la noche para discutir sobre el trabajo de la Congregación. A veces también los martes, antes y durante la comida, para discusiones más vastas en las cuales participan también otros invitados. Ratzinger se establece en un amplio departamento propiedad del Vaticano, en la plaza de la Ciudad Leonina, a pocos metros de la columnata y de Porta Angelica. Cada mañana, puntual, entre las 9 y las 9:10, atraviesa a pie la Plaza de San Pedro para llegar hasta la entrada del Palacio del Santo Oficio, donde tienen sede las oficinas de la Congregación. Viste un talar negro, lleva en la cabeza una boina de fieltro oscuro y bajo el brazo sostiene un viejo bolso de piel, con los documentos del día.

---

[21] La homilía de Ratzinger fue traducida y publicada en Italia por *Trentagiorni*, núm. 2 (febrero de 1991).

VI

Los primeros años del custodio

El inicio de Ratzinger como guía de la importante Congregación Vaticana, como es obvio, no pasa inadvertido. Al contrario. Hay quien lo define "glacial" para los círculos ecuménicos.[1]

El 27 de marzo de 1982, en efecto, se dan a conocer las *Observaciones al Informe final del Arcic*, la comisión mixta para el diálogo anglicano-católico. El informe, un acuerdo logrado después de doce años de extenuantes encuentros bilaterales, hablaba de "entendimiento sustancial" entre católicos y anglicanos.

El nuevo Prefecto de la Fe no está de acuerdo. Y explica, en las observaciones, que aquel consenso se obtuvo al precio de afirmaciones "inexactas y no aceptables como doctrina católica", puesto que sobre eucaristía, sacerdocio, primado e infalibilidad pontificia quedan aún muchas cosas no aclaradas. Ratzinger, como es obvio, no cierra las puertas al diá-

---

[1] Esta es la expresión que usa Tommaso Ricci en el expediente *Le tappe di questi dieci anni*, expediente sobre Ratzinger de 1982 a 1992, publicado en "Trentagiorni", núm. 4 (abril de 1992), p. 33.

logo —que una década después sufrirá un alto significativo, luego de la decisión de la Iglesia de Inglaterra de conceder el sacerdocio a las mujeres— pero critica la falta de claridad. Por ahora, explica, "*we agree to disagree*", (estamos de acuerdo en no estar de acuerdo). Como era de prever, la posición que toma el purpurado suscita malhumores en muchos círculos. Es sólo el inicio de las críticas que el prefecto hará llover sobre sí durante todo el pontificado wojtyliano.

Entre el 18 y el 19 de enero de 1983, Joseph Ratzinger preside una cumbre en el Vaticano en que participan algunos obispos alemanes y algunos obispos norteamericanos. La posición de estos últimos tiene como objetivo contender sobre el uso de las armas nucleares, tema de una carta pastoral de difícil redacción, puesto que la Santa Sede había expresado asombro ante las primeras versiones. La posición de los prelados norteamericanos, cuyo líder es el Cardenal Joseph Bernardin, es claramente contraria a la política reaganiana y el *National Catholic Reporter* la define como "el choque más violento entre Iglesia y Estado jamás ocurrido en Estados Unidos".

Los obispos norteamericanos, muy cercanos a las posiciones pacifistas, tienen dificultades al inicio para aceptar las palabras usadas por Juan Pablo II en su discurso en la asamblea de la ONU, cuando había definido a la disuasión como "temporalmente tolerable", fase de transición hacia una reducción de los armamentos.

La carta finalmente se aprobó y se publicó el 3 de mayo. Entrevistado por el semanario *Der Spiegel*, Ratzinger explica:

> Realmente yo creo que los obispos norteamericanos tienen razón al decir que el llamado "primer uso" de las armas atómicas no

puede justificarse en el plano moral. El texto más reciente de los obispos norteamericanos —por lo que entiendo— no excluye sin embargo completamente que el "primer disparo" pueda, eventualmente, tener un papel en el ámbito de la doctrina de la disuasión, pero con la condición de que se tienda a superar la necesidad lo antes posible.[2]

Masonería y resurrección de la carne

Otro baño de agua fría lo constituyó un episodio relacionado con la publicación del nuevo Código de Derecho Canónico (del 25 de enero), que sustituye al anterior de 1917. Entre las novedades, se nota la ausencia de la condena explícita de la masonería y la excomunión para sus miembros, presente en cambio en el antiguo Código.[3] El nuevo texto contiene un canon que puede referirse a la libre masonería, pero no la cita y, sobre todo, no alude a ninguna excomunión: "Quien da el nombre a una asociación que atenta en contra de la Iglesia, sea castigado con una justa pena; quien además promueve o dirige dicha asociación, sea castigado con el *interdictum*" (can. 1374). "El dispositivo del nuevo Código, respecto al de 1917, facilita mucho el camino a la reconciliación", observa el paulino Rosario Esposito, en primera línea en el diálogo entre catolicismo y masonería.[4] En los círculos de los libres masones y entre algunos eclesiásticos, la ausencia de condena suscita satisfacción. Pero la euforia dura apenas diez meses. El

[2] Los fragmentos más significativos de la larga entrevista fueron publicados en Italia en el diario *La Repubblica* el 14 de mayo de 1983.

[3] En el canon 2335 del *Codees Iuris Canonicis* de 1917, se leía: "Quienes dan nombre a la secta masónica y a otras asociaciones del mismo género que conjuran contra la Iglesia o contra los legítimos poderes civiles, por este mismo hecho están sujetos a la excomunión simplemente reservada a la Santa Sede."

[4] Rosario Eesposito, *Santi e massoni a servizio dell'uomo*, Bastogi, 1992, p. 25.

26 de noviembre de 1983, en la víspera de la entrada en vigor del nuevo Código, la Congregación para la Doctrina de la Fe echa por tierra las esperanzas de conciliación entre Iglesia y masonería. En efecto, se publica la *Declaratio de associationibus massonicis*, en la que se confirma que los católicos inscritos en las logias están en "estado de pecado grave y no pueden acceder a la santa comunión". Es un documento conciso, oportuno y valiente, que más que ningún otro lleva la impronta del prefecto. La condena nuevamente se confirmará y explicará con un artículo anónimo publicado en el *Osservatore Romano* del 22-23 de febrero de 1985.

> El gesto de Roma —observa Tommaso Ricci— es un duro golpe para la masonería conocida como "no anticlerical" (londinense)... Haber frustrado los laboriosos intentos de acercamiento realizados en las décadas anteriores atrae hacia Ratzinger hostilidades furiosas. La masonería gana con el silencio, por el momento; pero justo aquí es donde deben buscarse las raíces del extraño empecinamiento de los medios masivos de comunicación en contra de Ratzinger a propósito de sus sucesivos pronunciamientos "anticomunistas" en contra de la Teología de la Liberación.

Todavía en 1983 la Congregación para la Doctrina de la Fe publica una nueva aclaración, esta vez relativa al artículo del símbolo apostólico sobre la "resurrección de la carne". El ex Santo Oficio invita a mantener el término "carne" en el Credo, y a no sustituirlo, como en cambio hacen muchos, con "resurrección de los muertos" o con otros términos equivalentes.

> En el abandono de la fórmula "resurrección de la carne" —explica la Congregación[5]— está implícito el peligro de sufragar las

[5] "Congregazione Per La Dottrina Della Fede", traducción del artículo "carnis resurrectionem" del símbolo apostólico.

modernas teorías que sitúan a la resurrección en el momento de la muerte, excluyendo en la práctica la resurrección corporal, especialmente de *esta* carne. Es necesario velar por la "difusión", hoy, de una visión "espiritualizante" de la resurrección.

La Teología de la Liberación

En marzo de 1984, la revista *Trentagiorni* publica un estudio privado inédito del teólogo-cardenal sobre la Teología de la Liberación.[6] En el texto, Ratzinger, habiendo explicado que se utilizará el concepto de "Teología de la Liberación" en una acepción restringida, es decir, referida sólo a aquellos teólogos que "de alguna manera han hecho propia la opción fundamental marxista", afirma que esta corriente de pensamiento y de enseñanza:

> Se concibe como una nueva hermenéutica de la fe cristiana, es decir, una nueva forma de comprensión y de realización del cristianismo en su totalidad… (Ella) pretende dar una nueva interpretación global del cristianismo y lo explica como una praxis de liberación, pretendiendo plantearse ella misma como una guía a tal praxis. Sin embargo —agrega—, puesto que según esta teología toda realidad es política, también la liberación es un concepto político y la guía a la liberación debe ser una guía a la acción política.

El prefecto observa luego que muchos teólogos de la liberación:

> Siguen utilizando gran parte del lenguaje aséptico y dogmático de la Iglesia, en clave nueva, de manera tal que quien lee y escucha partiendo de otro territorio, puede recibir la impresión de

[6] Joseph Ratzinger, *Ratzinger: vi spiego la Teologia della liberazione*, en *Trentagiorni*, núm. 3 (marzo de 1984), pp. 48-55.

> encontrar otra vez el patrimonio antiguo sólo que con algunas afirmaciones un poco extrañas que, no obstante, unidas a tanta religiosidad, no podrían ser tan peligrosas. Precisamente la radicalidad de la Teología de la Liberación actúa de tal modo que a menudo se menosprecia su gravedad…

La contribución de Ratzinger desencadena polémicas y discusiones. Poco después, la Congregación para la Doctrina de la Fe publica un primer documento sobre esta materia. Se intitula *Libertatis nuncio,* texto que el 6 de agosto de 1984 advierte sobre los riesgos y las desviaciones de esa Teología de la Liberación que adopta el análisis marxista de la realidad. Nos encontramos en plena era de Reagan, Estados Unidos está combatiendo con todos los medios al "imperio del mal" soviético y una batalla crucial tiene lugar en América Latina. La Instrucción[7] ataca directamente a los regímenes marxistas.

> Millones de nuestros contemporáneos aspiran legítimamente a volver a encontrar las libertades fundamentales de las que están privados por parte de los regímenes totalitarios y ateos que se han apropiado del poder a través de vías revolucionarias y violentas, justo en nombre de la liberación del pueblo... No se puede ignorar esta vergüenza de nuestro tiempo: precisamente con el pretexto de llevarles la libertad, se mantienen naciones enteras en condiciones de esclavitud indignas del hombre.

Expresiones muy claras y duras, que recuerdan el estilo de Pío XII.[8] En la mira de la Congregación no está toda la Teología de la Liberación, nacida en los países de América

---

[7] La Instrucción (*De quibusdam rationibus "theologiae liberationis"*) toma el nombre de las primeras dos palabras del texto latino: "El Evangelio de Jesucristo es un mensaje de libertad", "*Libertatis nuncio*".

[8] Carl Bernstein / Marco Politi, en el libro *Sua Santitá* (Rizzoli Editore, 1996) definen el documento como "el lenguaje más violento contra el imperio soviético jamás usado desde los tiempos de Pío XII". Aun cuando, justo en las páginas de la Instrucción vaticana,

Latina en los años posteriores al Concilio, como tampoco su "opción preferencial por los pobres". Sino sólo el análisis marxista que algunos teólogos utilizan. El documento habla de la "tentación de reducir el Evangelio de la salvación a un evangelio terrenal", del riesgo de "olvidar y dejar para mañana la evangelización". Cuestiona los "*a priori* ideológicos" que son usados como presupuestos para la lectura de la realidad social por parte de cierta teología, que presenta la lucha de clases como "una ley objetiva, necesaria" y hace creer que "entrando en su proceso", de parte de los oprimidos se "hace" la verdad, se actúa "científicamente". En consecuencia, la concepción de la verdad va al paso con la consolidación de la necesidad de la violencia. La eucaristía se transforma en "celebración del pueblo en lucha", el "Reino de Dios y su devenir se tiende a identificarlo con el movimiento de la liberación humana". *Libertatis nuncio* es un documento en línea con el sesgo decidido de Juan Pablo II desde el inicio de su pontificado, coincide con el primer viaje a Puebla, México, en enero de 1979, en ocasión de la reunión del episcopado latinoamericano.

Aquellos pasos olvidados

Joseph Ratzinger empieza a ser indicado como el "enemigo" de los teólogos más abiertos, el "sepulturero" de las esperanzas que el Concilio había suscitado en los países pobres. Lo que llega de la Iglesia católica wojtyliana se hace pasar como una señal de apoyo a los regímenes anti-comunistas que go-

---

viene citado un pasaje de la *Octogesima adveniens* de Paulo VI (1971) en el cual el Papa escribe que "sería ilusorio y peligroso... aceptar los elementos del análisis marxista sin reconocer sus relaciones con la ideología, entrar en la praxis de la lucha de clases y de su interpretación marxista descuidando advertir el tipo de sociedad totalitaria y violenta a la cual conduce este proceso".

biernan diversos estados del área latinoamericana. No obstante, si se lee íntegramente ese primer documento acerca de la Teología de la Liberación, se descubren fragmentos que demuestran lo contrario.

> Este llamado —escribe la Congregación en la introducción del documento— de ningún modo debe ser interpretado como una condena de todos aquellos que quieren responder con generosidad y con auténtico espíritu evangélico a la "opción preferencial por los pobres". La presente Instrucción no debería servir en lo absoluto como pretexto a todos aquellos que se atrincheran en un comportamiento de neutralidad y de indiferencia frente a los trágicos y asfixiantes problemas de la miseria y de la injusticia. Al contrario, es dictada por la certeza de que las graves desviaciones ideológicas denunciadas acaban ineluctablemente por traicionar la causa de los pobres. Más que nunca —continúa— la Iglesia pretende condenar los abusos, las injusticias y los atentados a la libertad, dondequiera que se encuentren y quien quiera que sean los autores, y luchar con los medios que le son propios, por la defensa y la promoción de los derechos del hombre, especialmente en la persona de los pobres.

La Instrucción sostiene además que "el escándalo de las ligeras desigualdades entre ricos y pobres… ya no es tolerado". Y que:

> El llamado contra las graves desviaciones, de las que son portadoras tales "teologías de la liberación", no debe ser interpretado en absoluto como una aprobación, ni siquiera indirecta, de aquellos que contribuyen al mantenimiento de la miseria de los pueblos, de aquellos que se aprovechan y de aquellos a los que esta miseria deja resignados o indiferentes. La Iglesia, guiada por el Evangelio de la misericordia y por el amor hacia el hombre, es-

cucha el grito que invoca justicia y quiere responder con todas las fuerzas.

No falta, al final del documento, una referencia a la función de los obispos, particularmente significativa para aquellos exponentes de la jerarquía católica considerados demasiado "débiles" con el poder, por no decir "orgánicos" a éste.

Los defensores de la "ortodoxia" a menudo son tildados de pasividad, de indulgencia o de complicidad, culpables en cuanto a las intolerables situaciones de injusticia y de los regímenes políticos que mantienen tales situaciones. Se requiere de parte de todos, y especialmente de parte de los pastores y de los responsables de la conversión espiritual, la intensidad del amor a Dios y al prójimo, la defensa de la justicia y de la paz, el sentido evangélico de los pobres y de la pobreza. La preocupación de la pureza de la fe no debe ser ajena a la preocupación de dar, mediante una vida teologal integral, la respuesta de un eficaz testimonio de servicio al prójimo, y de manera del todo particular al pobre y al oprimido.

Un café con Leonardo Boff

Entre los teólogos que acabaron bajo observación del ex Santo Oficio, se encuentra el franciscano brasileño Leonardo Boff. Cuando, en 1982, inicia su contencioso con Roma, Boff tiene 42 años, enseña teología en un seminario de Río de Janeiro y es autor de 31 volúmenes de teología. Goza del apoyo de algunos obispos de su país. Sólo uno de sus libros es acusado, aunque ya tuvo, en el pasado, algunos problemas con las autoridades de la Santa Sede por una publicación titulada *Gesu Cristo liberatore*. El 12 de febrero de 1982, cuando Ratzinger apenas había sido nombrado, Boff decide enviar al Vaticano la respuesta que dio a la Comisión Diocesana para la Doctrina de la Fe de Río de Janeiro, que había criticado su libro *Chiesa: Carisma e Potere,*[9] publicado en Brasil en 1981, que será traducido en Italia por el editor Borla dos años más tarde. Usando un lenguaje marxista, el teólogo había escrito: "El poder sagrado ha sido objeto de un proceso de expropiación de los medios de producción religiosos de parte del clero, en detrimento del pueblo cristiano". El núcleo del libro consiste en una crítica aguda del "poder piramidal del Vaticano".

La iniciativa de involucrar a la Congregación Romana, la decisión de apelar a la autoridad superior es, pues, del interesado. En su respuesta a los censores brasileños, Boff declaraba que dicha crítica contenía graves errores de lectura y de interpretación. Después de estudiar los escritos del franciscano, Ratzinger, el 15 de mayo, le envía una carta en la cual se expresan algunas reservas y se invita al teólogo a tomarlas en cuenta. Por lo demás, le ofrece la posibilidad de un encuentro para aclarar todo. El prefecto le reprueba a Boff el haber lanzado una "agresión radical, despiadada" contra el modelo institucional de la Iglesia católica y el haber limitado sus estructuras a una inaceptable caricatura. "El discurso iniciado en estas páginas —pregunta el purpurado— ¿está inspirado por la fe o por los principios de naturaleza ideológica de cierta inspiración marxista?" El encuentro de aclaración se acuerda en Roma para el 7 de septiembre de 1984. La Santa Sede le informa al teólogo que, dada la importancia del tema, las críticas al libro se darán a conocer de todos modos. A las 9:40 del día establecido, un Volkswagen negro, con placas SCV 120, llega a la curia del generalato de los franciscanos, en

---

[9] El título original del libro es *Igreja: Carisma e Poder*, Edizione Vozes, Petropolis 1981.

Roma. Dos hombres vestidos de negro bajan del automóvil. El fraile ofrece las muñecas cruzadas y bromeando les dice: "Podían venir con las cadenas". El auto arranca en dirección del Vaticano, donde Ratzinger espera a Leonardo Boff para las "aclaraciones". En la conversación participa también monseñor Jorge Mejía (futuro Cardenal). El clima de la conversación es fraterno, aun cuando muchos, en el exterior y en el mundo, se imaginan que el pobre teólogo de la liberación es sometido quién sabe a cuáles vejaciones. De pronto, Ratzinger le pregunta a su huésped: "¿Está cansado, quiere un café?". Durante la pausa, el Cardenal elogia la túnica de Boff: "Le queda muy bien, padre. También así se le puede dar una señal al mundo".

—Es muy difícil llevar esta túnica —responde el acusado— porque en Brasil hace calor.

—Así la gente verá su devoción y su paciencia y dirá: está pagando los pecados del mundo.

—Claro que necesitamos señales de trascendencia, pero no pasan por la túnica. Es el corazón el que tiene que estar en paz.

—Los corazones no se ven y sí que es necesario ver algo —, replica Ratzinger.

—Este hábito puede ser también una señal de poder. Cuando me lo pongo y tomo un autobús, la gente se levanta y me dice: "Siéntese, padre". Sin embargo, nosotros tenemos el deber de servir.[10]

Al final de la charla, que duró tres horas, mientras se prepara un comunicado final, se recibe también a los cardenales brasileños Paulo Evaristo Arns y Aloisio Lorscheider, Arzobispo de Fortaleza, quienes habían acompañado a Boff a Roma. La *Notificazione sul volume* Chiesa: Carisma e Potere. *Saggio di ecclesiologia militante del padre Leonardo Boff, o.f.m.* se

[10] El diálogo fue reconstruido por Bernstein y Politi en *Sua Santitá, cit.*, p. 429.

publica en *L'Osservatore Romano* del 21 de marzo de 1985. La Congregación para la Doctrina de la Fe "se siente obligada a declarar que las opciones de Leonardo Boff aquí analizadas son tales que ponen en peligro la sana doctrina de la fe, que esta misma Congregación tiene la tarea de promover y de tutelar". Algunas tesis del teólogo relativas a la estructura de la Iglesia (la jerarquía como resultado de una "modernización en el estilo romano y feudal", la verdadera Iglesia de Cristo que "subsiste en otras iglesias cristianas" y el dogma que en su formulación "vale sólo para un determinado tiempo y para determinadas circunstancias)", se definen como "insostenibles". Leonardo Boff acepta la decisión, y el 26 de abril de 1985 es "condenado" a un año de silencio. La prohibición es suspendida once meses después, pero en 1987 la Congregación pide bloquear la traducción italiana de otro libro suyo. Al teólogo se le apartará de la enseñanza en 1992 e inmediatamente después dejará los hábitos religiosos.

"Informe sobre la fe" y restauración

1985, el año de mayor polémica en torno a Ratzinger, es el año en que la Congregación por él presidida no promulga documentos, si se excluye un breve texto sobre los exorcismos. El que provoca muchos rumores es un texto "privado" del Cardenal, una larga entrevista con el escritor Vittorio Messori[11] que tiene como tema el estado de la Iglesia y de la fe. Algunos contenidos de *Rapporto sulla fede* son anunciados por la revista paulina Jesús, de la que Messori es colaborador, el 5 de noviembre de 1984.

---

[11] Autor de muchos *bestseller*, el más famoso es *Hipótesis su Gesú*. La conversación con Ratzinger se lleva a cabo durante los días de Ferragosto de 1984 en Bressanone, donde el purpurado bávaro acostumbra pasar sus vacaciones de verano.

Ratzinger sostiene “la imposibilidad de dialogar” con los exponentes de la Teología de la Liberación que aceptan la hipótesis marxista y sostienen la lucha de clases. Auspicia una “restauración” en la Iglesia. Antes aún de salir a la venta el volumen, con base en las anticipaciones, Ratzinger es objeto de las críticas. “Un alemán agresivo, de porte elegante, un asceta que lleva la cruz como una espada”, “Un *Panzerkardinal* que nunca ha abandonado los trajes fastuosos y la cruz pectoral de oro típica de los príncipes de la Santa Iglesia Romana”, escriben los periódicos. La idea de una “restauración” es atacada por muchos en el seno del mundo católico y el Cardenal es presentado como una esquirla enloquecida. A menudo y de buena gana, sus frases son referidas de manera distorsionada o incompleta, a tal punto que Ratzinger siente necesidad de precisar, respondiendo a una solicitud de la redacción, con una carta que publica la revista *Trentagiorni.*[12]

> Queridos amigos —escribe— me han preguntado qué significa esa “restauración” a favor de la cual —según algunos informes periodísticos— yo me he pronunciado. Ante todo, simplemente quiero recordar lo que dije realmente: no se da ningún regreso al pasado, una restauración entendida así no sólo es imposible, sino tampoco deseable. La Iglesia avanza hacia el cumplimiento de la historia, mira frente al Señor que viene. No obstante, si el término “restauración” se entiende según su contenido semántico, es decir, como recuperación de valores perdidos en el seno de una nueva totalidad, entonces diría que es justo ésta la tarea que se impone hoy, en el segundo periodo del postconcilio. Sin embargo, la palabra “restauración” para nosotros, hombres contempo-

[12] Joseph Ratzinger, *Il coraggio di una vera reforma*, en *Trentagiorni*, núm. 11 (diciembre de 1984), pp. 48-49.

> ráneos, se determina lingüísticamente de tal manera que resulta difícil atribuirle este significado. En realidad, quiere decir literalmente lo mismo que la palabra "reforma", término que para nosotros suena de manera totalmente distinta.

Ésta es la respuesta textual a la pregunta de Messori contenida en el libro:

> Si por "restauración" se entiende un volver atrás, entonces ninguna restauración es posible... No. Para atrás no se va ni se puede ir. Ninguna "restauración", pues, en este sentido. Sin embargo, si por "restauración" entendemos la búsqueda de un nuevo equilibrio después de las exageraciones de una apertura indiscriminada al mundo, luego de las interpretaciones demasiado positivas de un mundo agnóstico y ateo; pues bien, entonces una "restauración" entendida en este sentido... es totalmente deseable.

Entre las críticas a Ratzinger, se registra la del Arzobispo emérito de Viena, Franz König, que en un libro-entrevista[13] presentado a la prensa el 13 de noviembre de 1985, dice no creer en la necesidad de una restauración:

> Hacer hincapié en la palabra "restaurar" da mucho el sentido de una nostalgia del pasado. Por el contrario, es necesario tener presente que se ha celebrado un Concilio después de casi 100 años desde el último. La Iglesia del pasado veía con temor toda novedad de la historia, se sentía separada del mundo al que veía como el mal en sí; el Concilio le dio un giro a dicho planteamiento.

Al inicio de los años noventa, el Cardenal König tomará distancia de un cierto optimismo eclesial que había caracteriza-

[13] Franz König, *Chiesa dove vai?, colloquio con il giornalista Gianni Licheri,* Edizioni Borla, 1985.

do a los años del Concilio y dirá que los textos del Vaticano II "deben interpretarse según las intenciones de los padres conciliares, respetando así el 'espíritu del Concilio'".[14]

En el libro-entrevista de Messori, Ratzinger formula juicios agudos como éstos:

> Nos esperábamos (después del Concilio, *N. del A.*) un nuevo entusiasmo y muchos acabaron en el desánimo y en el aburrimiento; entre las tareas más urgentes para el cristianismo, está la recuperación de la capacidad de oponerse a muchas tendencias de la cultura circunstante, renunciando a cierta solidaridad demasiado eufórica posconciliar; la catequesis está expuesta a la fragmentación, a experimentos que cambian continuamente; cada católico debe tener el valor de creer que su fe (en comunión con la de la Iglesia unida a los legítimos pastores) supera a todo nuevo "magisterio" de los expertos, de los intelectuales.

En *Rapporto sulla fede* se encuentran *in nuce* algunas reflexiones que estarán destinadas a convertirse en otros tantos documentos de la Congregación para la Doctrina de la Fe, desde el papel de las conferencias episcopales hasta el uso de las técnicas de meditación oriental en la oración cristiana, desde el tercer secreto de Fátima hasta el sacerdocio femenino. En noviembre de 1985, se celebra en el Vaticano un Sínodo especial de los obispos enteramente dedicado a los veinte años del Vaticano II: el libro de Ratzinger, que durante varios meses animó las discusiones, es el invitado de piedra. A tal punto que durante la conferencia de prensa de presentación, el Cardenal Godfried Danneels, Arzobispo de Malines-Bruselas, director de la asamblea, sentirá el deber de precisar: "Éste no es un Sínodo sobre

---

[14] Andrea Tornielli, *Non bastó aprirsi al mondo..., intervista con il cardinale König*, núm. 10 (octubre de 1992), p. 13.

un libro, es un Sínodo sobre un Concilio”.[15] Sin embargo, de algún modo Ratzinger había contribuido también de otra manera al debate sinodal.

La Iglesia según Ratzinger

El 21 de octubre de 1985, en la víspera de la apertura de los trabajos sinodales, el Cardenal tiene una conferencia en Foggia, donde puede explicitar de manera sintetizada algunos puntos firmes de la eclesiología. Mientras en el mundo católico se va afirmando una visión sociológica y voluntaria de la Iglesia, que tendría su fundamento en la unidad del género humano, y que cada vez permite más declarar: Cristo sí, Iglesia no, el prefecto objeta:

> Cristo se da sólo en su cuerpo y nunca en un mero ideal... La Iglesia no es una idea, sino un cuerpo, y el escándalo de convertirse en carne en el que tropezaron tantos contemporáneos de Jesús continúa en la escandalosidad de la Iglesia. La eclesiología de la *communio* —continúa el purpurado— se ha convertido en el verdadero corazón de la doctrina de la Iglesia del Vaticano II... nadie puede hacerse Iglesia por sí mismo... A la Iglesia le pertenece esencialmente el elemento de “recibir”, así como la fe deriva de escuchar y no es producto de decisiones o reflexiones propias.

Más adelante, Ratzinger aborda también el tema de la colegiación:

> La disputa acerca de la colegiación no es disputa entre el Papa y los obispos acerca de la parte que debe tener el poder de la Igle-

[15] Richard John Neuhaus, *The Catholic Moment. The Paradox of the Church in the Postmodern World*, Harper and Row, 1987, p. 110.

> sia, si bien pueda fácilmente degenerar en eso y aquellos que se ven involucrados tengan que interrogarse nuevamente si no han caído en tal camino equivocado... La Iglesia no es un aparato, tampoco es sólo institución, no es ni siquiera una de las tantas entidades sociológicas; la Iglesia es persona.

En esta intervención, hay quien ha querido leer, como de hecho hizo el *New York Times*, las conclusiones prefabricadas del Sínodo.

El purpurado bávaro habló de la colegiación incluso en ocasión de una reunión cardenalicia la víspera de la reunión de los obispos.

> La Iglesia no es una monarquía del Papa según el modelo de la monarquía secular —había dicho— en la cual la voluntad del rey es ley suprema y todo el poder deriva únicamente de él. Por el contrario, la Iglesia es un cuerpo orgánico animado por el Espíritu de Cristo... la palabra *communio* describe rectamente la esencia de la Iglesia. Por otra parte, —agregó Ratzinger—, la Iglesia tampoco es una confederación de iglesias particulares cuya unidad surge de la suma de cada Iglesia como algo secundario... Como en el cuerpo, la unidad del organismo precede y sostiene a cada uno de los órganos, puesto que los órganos no existen si no existe el cuerpo, así mismo la unidad de la Iglesia católica precede a la pluralidad de cada una de las iglesias.

Durante el Sínodo, Ratzinger interviene para explicar que si la Iglesia se autocomprende y se presenta como estructura, como organización, al hombre moderno deja de interesarle: "El peligro es que lo sagrado se busque fuera de la Iglesia".

Curran y Schillebeeckx

En 1986 surgen problemas originados por otros dos teólogos. El primero es un profesor norteamericano, que cuestiona al magisterio en asuntos de moral sexual. El segundo es un teólogo muy conocido del Concilio, protagonista de la redacción del famoso y cuestionado "Catecismo" de la Iglesia holandesa.

El 19 de agosto, la Congregación para la Doctrina de la Fe, con una carta del Cardenal Ratzinger, hace saber que el padre Charles E. Curran "ya no puede ser considerado ni idóneo ni elegible para ejercer la función de profesor de teología católica".

El contencioso entre Roma y el padre Curran había empezado en julio de 1979, cuando al ex Santo Oficio lo dirigía aún el Cardenal Seper. Al teólogo se le cuestionan "contenidos erróneos y ambigüedades" expresados en sus publicaciones: la indisolubilidad del matrimonio debería ser, para él, sólo "un ideal"; sobre aborto, eutanasia y experimentación con embriones es posible, en su opinión, un "legítimo disentimiento para la complejidad de la materia"; las relaciones fuera del matrimonio "no deberían ser un mal"; para la masturbación y la homosexualidad, según Curran, "existen circunstancias en las que esas acciones deberían ser moralmente permitidas e incluso necesarias".

A las observaciones vaticanas, el padre Curran siempre había replicado distinguiendo entre enseñanza infalible y no infalible. Y, sosteniendo que la moral pertenece a este último campo, escribió que "el disentimiento es posible y en algunos casos justificable. Nótese, que yo no disiento de ningún dogma y verdad definida por la fe católica".

La Congregación, después de recordar que la indisolubilidad del matrimonio ha sido sancionada por el Concilio de Trento, y el aborto ha sido condenado por el Vaticano II, explica:

> De cualquier modo, los fieles no están obligados a aceptar sólo el magisterio infalible. Son llamados a dar el religioso obsequio de la inteligencia y de la voluntad a la doctrina que el supremo Pontífice o el Colegio de los obispos, ejerciendo el magisterio auténtico, enuncian en materia de fe o de moral, aun cuando no pretenden definirla con acto definitivo. La Congregación ha impedido continuamente hacer esto.

Dos años antes, en febrero de 1984, durante un viaje a Estados Unidos, el Cardenal había intervenido precisamente acerca de estos temas. Los títulos de las dos conferencias son bastante significativos: *Vescovi, teologi e morale; Dissenso e proporzionalismo in teologia morale.*

En la primera, tocaba temas fundamentales: la recta comprensión de la conciencia humana;

> La conciencia es entendida por muchos como una suerte de deificación de la subjetividad, una roca de bronce contra la cual incluso el magisterio se rompe. Se afirma que a la luz de la conciencia no se aplica ninguna otra razón. La conciencia resulta al final como el supremo nivel de la subjetividad… pero la conciencia es un órgano, no un oráculo… necesita un crecimiento, un ejercicio, una práctica; de la moral: la moral no es un código abstracto de normas de comportamiento, presupone una comunidad de vida dentro de la cual la moral misma se aclara y puede observarse. Históricamente, la moral no pertenece al área de la subjetividad, sino más bien está garantizada por la comunidad y tiene una referencia en la comunidad; del papel de los

> obispos y teólogos morales: el Obispo es un testigo de los *mores Ecclesiae catholicae*... el teólogo moral encuentra en ellos su punto de partida... la tarea del teólogo moral no es sencillamente servir al magisterio del Obispo. Está también en diálogo con las cuestiones éticas de los tiempos.

En la segunda conferencia, el prefecto afrontaba el problema del disentimiento:

> Es importante distinguir el disentimiento personal del disentimiento de un maestro o de un especialista teológico... Una persona que enseña en nombre de la Iglesia asume lo que fundamentalmente es un disentimiento personal y exagera su importancia y su daño al propagarlo. Pero el daño particularmente grave no es sólo que enseña su propio disentimiento, sino que lo enseña en nombre de la Iglesia.

Más complejo y delicado, respecto a las polémicas con Curran, es el caso del dominico belga Edward Schillebeeckx, docente en la universidad holandesa de Nimega. El 23 de septiembre de 1986, es "amonestado" porque en algunas obras suyas presenta una concepción del sacerdocio "en desacuerdo con la enseñanza de la Iglesia católica sobre puntos importantes".

La notificación de la Congregación explica que el teólogo, en dos ensayos, parecía enseñar que no es esencial la consagración de un sacerdote por obra de un Obispo para que el sacerdote mismo pueda consagrar la eucaristía.

En el último libro, publicado un año antes en Holanda (*Per una Chiesa dal volto umano*), Schillebeeckx ya no hablaba del "ministerio extraordinario", sino que seguía —según Roma— "concibiendo y presentando la apostolicidad de la Iglesia de tal manera que la sucesión apostólica por medio del ordenamiento sacramental representa un dato no esencial para el ejercicio del ministerio".

"Liberación cristiana", pastoral de los homosexuales y el "Don de la vida"

El documento de más cuerpo y más relevancia del año 1986 es la Instrucción *Libertá cristiana e liberazione*, (*De libertate christiana et liberatione*), publicada el 22 de marzo, que completa "en positivo" la primera y más resumida dedicada dos años antes a la Teología de la Liberación. Se afronta el tema de la acción social de los cristianos en una amplia perspectiva, que repropone la doctrina social de la Iglesia como instrumento para una acción política de los creyentes, sobre todo de los laicos. Esta vez, el eco de los medios de comunicación mundiales, es favorable, incluso porque justo en ese periodo en Filipinas las masas católicas, capitaneadas por Corazón Aquino, echan del poder al dictador Marcos e introducen la democracia. En el documento vaticano se confirma la opción preferencial por los pobres aunque explicando que no debe ser "exclusiva", se afirma la "prioridad del trabajo sobre el capital", se toca el tema de la rebelión armada contra la tiranía,[16] que "puede preverse sólo después de una evaluación muy rigurosa de la situación", declarando en cambio preferible la "resistencia pasiva". En un párrafo final de la Instrucción, se habla del salario, que "no puede ser concebido como una simple mercancía" y debe "permitirle al trabajador y a su

[16] La lucha armada como remedio a una "tiranía evidente y prolongada, que atentara gravemente contra los derechos fundamentales de la persona y dañara de manera peligrosa al bien común de un país", había sido aceptada por el Magisterio en el párrafo 31 de la encíclica *Populorum Progressio*, publicada por Paulo VI en 1967.

familia tener acceso a un nivel de vida realmente humano… Es la dignidad de la persona la que constituye el criterio para juzgar el trabajo, y no viceversa".

Ese mismo año, en octubre, la Congregación publica una *Carta a los obispos de la Iglesia católica sobre el cuidado pastoral de las personas homosexuales*, para refutar "posiciones no conformes a la enseñanza de la Iglesia católica". La carta, aunque distingue entre "condición" y "tendencia" homosexual por un lado, y "actos homosexuales" por el otro, y condenando estos últimos como "intrínsecamente desordenados", define también "la inclinación misma" como "objetivamente desordenada". El documento, que no deja de suscitar ásperas reacciones y polémicas, toma como blanco a cierta praxis pastoral considerada demasiado indulgente.

En 1987, el ex Santo Oficio de Ratzinger se encarga de nuevos temas, como la bioética y las amenazas a la vida que nacen de la falta de una concepción cristiana. Es un campo que interesa particularmente al Cardenal. La Instrucción *Donum Vital*, que interviene en un debate que seguirá siendo muy actual y que incluso actualmente provoca discusiones, se presenta bajo forma de preguntas y respuestas. Allí se lee que el embrión, en cuanto "ser humano", "debe respetarse —como a una persona— desde el primer instante de su existencia". Y así, se afirma que:

> La investigación médica debe abstenerse de intervenir en los embriones vivos, a menos de que exista la certeza moral de no causar daño ni a la vida ni a la integridad del recién nacido y de la madre. Ninguna finalidad, aunque en sí misma noble, como la previsión de una utilidad para la ciencia, para otros seres humanos o para la sociedad, puede en modo alguno justificar la experimentación con los embriones o fetos humanos vivos.

La "fecundación artificial heteróloga" (la que utiliza gametos de por lo menos un donador distinto de los esposos), se define "contraria a la unidad del matrimonio, a la dignidad de los esposos" e "inaceptable". Negativo, aunque más blando, es también el juicio sobre la "fecundación artificial homóloga".

En el último párrafo del articulado documento se encuentra una crítica abierta a la legislación civil de muchos Estados, "que confiere hoy a los ojos de muchos una legitimación indebida de ciertas prácticas". Sobre estos temas, intervendrá posteriormente algunas veces, incluso con una encíclica, el mismo Juan Pablo II.

... y Kasper lo defiende

Teología de la Liberación, disentimiento sobre la moral, censura a quien interpreta el Concilio más allá de sus textos. Joseph Ratzinger, el teólogo que había pertenecido al ala progresista conciliar, es etiquetado como conservador, restaurador, inquisidor. Entre quienes lo defienden, en aquellos años, se encuentra Walter Kasper, en 1986 todavía docente de teología dogmática en Tubingen, futuro Obispo de Stutgart y luego Cardenal en jefe del Consejo Pontificio para la Promoción de la Unidad de los Cristianos. Señalamos su defensa porque en los años sucesivos serán muchas las ocasiones de polémica y de choque entre los dos teólogos alemanes, tanto en lo que respecta a la añeja cuestión de la ley sobre el aborto en Alemania, como por la concepción de unidad de la Iglesia e iglesias particulares, como por último por el documento sobre la unicidad salvadora de Jesucristo, *Dominus Iesus*. En un documento[17] —publicado en las páginas de un

[17] Walter Kasper, *Reazionario? Macché*, en *Trentagiorni*, núm. 10, (noviembre de 1986), p. 47.

expediente dedicado a los primeros cinco años de Ratzinger a la doctrina de la fe— Kasper escribe:

> Por desgracia, la tragedia de la situación actual consiste en el hecho de que aquellos que durante el Concilio eran definidos como "progresistas" —y Ratzinger se encontraba entre ellos— hoy son incitados al papel de "conservadores", si no es que incluso de "reaccionarios". No obstante, los "progresistas" del Concilio fueron los que valoraron la gran tradición de los padres de la Iglesia y de la teología medieval contra las angustias de los últimos dos o tres siglos. No obstante, después del Concilio, el ambiente ha cambiado. Ahora, "progresista" designa de hecho un remarcamiento unilateral en el deber de actualización de la Iglesia, allí donde muy a menudo se descuida la grandeza de la tradición, mientras "conservador" o "reaccionario" es hoy tildado aquél que intenta, precisamente, mantener vivo el valor de la tradición...

Kasper agrega pues que Ratzinger persigue "tal vez a un nivel más doctrinal e intelectual, el mismo programa que Juan Pablo II está realizando con su pontificado: ir con valor al encuentro del futuro, provistos con la riqueza de la tradición".

Los obispos norteamericanos y el preservativo

A caballo entre 1987 y 1988, se da un intercambio de correspondencia entre la Congregación para la Doctrina de la Fe y la Conferencia Episcopal de Estados Unidos. En el origen de las aclaraciones existe un documento pastoral sobre el sida, escrito por los obispos norteamericanos. Redactado en noviembre y aprobado por unanimidad, el documento había sido analizado por la Santa Sede. A principios de junio de 1988, Ratzinger había escrito algunas observaciones, criticando, en su nombre y en nombre del Papa, el hecho de que el documento admitiese la posibilidad de ilustrar el uso de profilácticos como medio para combatir el sida. Según el Cardenal, esta mención podía dar la impresión de que la Iglesia —contraria al uso de preservativos artificiales— hubiese modificado su posición, no obstante el cuidado con el cual iba acompañada la mención en el texto de los obispos norteamericanos, que confirmaba la doctrina tradicional de la Iglesia. Los prelados norteamericanos deciden volver a escribir el documento, aunque manteniendo, explica el Cardenal Joseph Bernardin, Arzobispo de Chicago, sustancialmente inalterado su enfoque en cuanto al sida.

VII

Del cisma de Lefebvre al "pelagianismo"

Veintitrés años después del final del Concilio Ecuménico Vaticano II, que debía llevar al mundo una "nueva primavera" de vida cristiana, y diez años después la elección de Juan Pablo II, la Iglesia católica conoce la experiencia dramática del cisma. El Arzobispo tradicionalista Marcel Lefebvre, de ochenta y tantos años, gran adversario de las reformas conciliares, en especial las litúrgicas, decide romper el diálogo iniciado con el Cardenal Joseph Ratzinger y, a pesar de un acuerdo doctrinal ya firmado que acordaba a su orden San Pío X el reconocimiento de Roma, consagra de manera autónoma y sin el mandato de la Santa Sede a cuatro nuevos obispos jóvenes creando un cisma de inmediato. Aunque había votado a favor de la mayor parte de los documentos conciliares, Lefebvre, un prelado francés con un pasado de Obispo misionero en Senegal, después del Concilio Vaticano II había manifestado su disenso cada vez con mayor dureza. Se había peleado por mantener el antiguo misal de San Pío V, que el nuevo rito había "dejado fuera". Atacado *a divinis*, monseñor Lefebvre continuó reuniendo a su alrededor a tradicionalistas y nostálgicos. Fundó un seminario en Ecône, Suiza, donde a los muchos seminaristas se les impartía una formación conforme al Concilio de Trento.

> Nosotros rechazamos —declaraba por escrito el Obispo el 21 de noviembre de 1974— y siempre nos hemos negado a seguir a la Roma de tendencia neo-modernista y neo-protestante, que claramente se manifestó en el Concilio Vaticano II y, después de éste, en todas las reformas que ocurrieron. Todas esas reformas, en efecto, han contribuido y siguen contribuyendo a la demolición de la Iglesia... Ninguna autoridad, ni siquiera la más alta de la jerarquía, puede obligarnos a abandonar o disminuir nuestra fe católica claramente expresada y profesada en el Magisterio de la Iglesia del siglo XIX.[1]

El prelado, en la misma declaración, define la reforma litúrgica posterior al concilio como "completamente envenenada; nace de la herejía y termina en la herejía".

La postura intransigente de Lefebvre hizo sufrir mucho al Papa Paulo VI. La Orden San Pío X, que conquista a un buen número de fieles en Francia, no se limita a oponerse duramente a la reforma litúrgica, sino también a la declaración conciliar sobre la libertad religiosa, *Dignitatis humanae*, que en cambio Juan Pablo II considerará "una llave interpretativa de todo el concilio".[2] Contra el Obispo anticonciliar se expresan sobre todo los obispos franceses, que durante la asamblea plenaria que tuvo lugar en Londres en 1972 atacan al "seminario salvaje" de Ecône, que en ese entonces gozaba todavía de una aprobación canóniga regular. La elección

[1] El texto de la declaración está tomado del sitio de internet de la orden San Pío X en Italia (www.sanpiox.it). Todos los documentos relativos a 1988 y años sucesivos están disponibles en el sitio www.unavox.it.

[2] Weigel, *Testimone della speranza*, *cit.*, p. 702.

de Karol Wojtyla viene acompañada de la simpatía de los tradicionalistas. Lefebvre siegue siendo culpado mediante una expresión empleada por el pontífice en el discurso del Colegio Sacro el 6 de noviembre de 1978, cuando dice que "el Concilio debe realizarse a la luz de toda la tradición y sobre la base del Magisterio constante de la Santa Iglesia". El 18 de noviembre siguiente, apenas 32 días después de la elección del nuevo Papa, el Arzobispo Lefebvre es recibido en audiencia por Juan Pablo II. A la salida se expresa en tono entusiasta: "¡Con Wojtyla todo es posible!", y en una carta del 8 de marzo de 1980, dirigida al Papa, el prelado escribe que no tiene "ninguna duda sobre la validez de su elección" y que "jamás afirmó" que la misa posconciliar "sea inválida o herética".

La negociación de Ratzinger

El acuerdo para subsanar por lo menos parte de las divergencias y quitar la suspensión *a divinis*, parece posible diez años después de aquel encuentro con Wojtyla, en abril de 1988. Ratzinger y el Secretario de la Congregación para la Doctrina de la Fe, el Arzobispo Alberto Bovone, conducen personalmente, durante tres días (11 al 13 de abril) la nada fácil negociación con monseñor Marcel Lefebvre y algunos de sus colaboradores. El ánimo más significativo es el que llega en la vigilia del mismo pontífice, que en una carta fechada 8 de abril y dirigida al "estimado hermano Jospeh Ratzinger" menciona por primera vez en público, a dieciocho años de la elección, "los problemas relacionados con la fraternidad San Pío X, fundada y guiada por el Arzobispo M. Lefebvre". Juan Pablo II apoya *en todo* las tentativas del ex Santo Oficio, que debe lidiar con la ahora crónica oposición del episcopado francés y suizo ("Quisiera confirmarle, señor Cardenal, mi voluntad para que tales esfuerzos prosigan...") y sobre todo invita a los obispos de todo el mundo a convivir cordialmente en el funcionamiento de la Santa Sede ("Todos los obispos de la Iglesia católica, requeridos por mandato divino a la unidad de la Iglesia universal, deben colaborar con la Sede Apostólica..."). En la carta, el pontífice reafirma claramente la fidelidad al concilio ("Nutrimos la profunda convicción de que el Espíritu de verdad ha hablado a la Iglesia, en modo particularmente solemne y autoritario, mediante el Concilio Vaticano II...") pero de manera clara toma distancia ya sea de las interpretaciones "anacrónicas", que se placen sólo en lo antiguo, ya sea de las "progresistas". Muchas señales favorables llegaron en esos días de parte del presidente de la Conferencia Episcopal suiza, de monseñor Henry Schwery y del Arzobispo de Lione, el Cardenal Albert Decourtray.

La carta de Wojtyla también le gustó a Lefebvre mismo, que no permanece impasible por los pasajes en los que se critican las posiciones anacrónicas, porque en su opinión la fraternidad no está en contra de lo "nuevo" *a priori*. Justo en las semanas anteriores a la primera vuelta de las votaciones para la presidencia francesa se reúnen en el Vaticano:

> Diversas cartas de intelectuales católicos cercanos al candidato de extrema derecha Jean-Marie Le Pen. Había la pregunta de si hubiera sido posible anticipar la publicación del documento "conclusivo" sobre el caso Lefebvre, porque eso habría favorecido el resultado electoral del único candidato que, según ciertos intelectuales, podía recibir el título de "católico". Típico ejemplo de esa confusión entre tradición cristiana y conservadurismo políti-

co y social en el que al menos una parte de los seguidores de Lefebvre parece destinada a empantanarse.[3]

El acuerdo doctrinal

Los cardenales de Baviera, con paciencia e inteligencia, lograron hacer un pequeño milagro: tener con el Obispo tradicionalista un protocolo doctrinal común. El texto fue terminado en la reunión que tuvo lugar en Roma el 4 de mayo de 1988 y está firmado por Ratzinger y Lefebvre con fecha del día siguiente. En ese texto, el Obispo y los miembros de la Fraternidad San Pío x prometen "ser siempre fieles a la Iglesia católica y al romano pontífice"; declaran "aceptar la doctrina contenida en el núm. 25 de la Constitución dogmática *Lumen Gentium* del Concilio Vaticano II sobre el Magisterio eclesiástico y sobre la adición que debía realizarse";[4] se empeñan en "asumir una postura positiva y de comunicación con la Sede Apostólica, evitando toda polémica" a propósito de ciertos puntos enseñados por el Concilio o relativos a las reformas posteriores de la liturgia y del derecho, que a los tradicionalistas les parecen "difícilmente conciliables con la tradición". "Declaramos además —se lee en el protocolo— reconocer la validez del sacrificio de la misa y de los sacramentos

---

[3] "Al venerado hermano Ratzinger...", en *Trentagiorni*, núm. 5 (mayo 1988), p. 25.

[4] En el número 25 de *Lumen Gentium* se lee: "A pesar de que los obispos no gozan de la prerrogativa de la infalibilidad, todavía dispersos por el mundo, pero con el vínculo de la comunión entre sí y con el sucesor de Pedro, en su enseñanza auténtica alrededor de materias de la fe y la moral que convergen en torno a una sentencia que debe mantenerse como definitiva, enuncian de manera infalible la doctrina de Cristo, quien ahora se manifiesta más cuando los obispos, reunidos en Concilio Ecuménico, están por toda la Iglesia como doctores y jueces de la fe y de la moral. A sus definiciones debemos adherirnos con el obsequio de la fe". En el mismo párrafo, se reafirma que esa infalibilidad corresponde al Papa y, como precisará la famosa *Nota Previa*, añadida a la Constitución conciliar, "el Colegio no se da sin el líder" y así la autoridad de los obispos y del Concilio es ejercida *cum Petro y sub Petro*, con el pontífice y bajo su autoridad.

celebrados con la intención de hacer lo que hace la Iglesia" según los ritos promulgados por Paulo VI y Juan Pablo II. En suma, los partidarios de Lefebvre prometen "respetar la disciplina de la Iglesia y las leyes eclesiásticas, en especial las contenidas en el Código del Derecho Canónigo promulgado por el Papa Juan Pablo II". El hacer hincapié en los puntos fundamentales, parece aunarse así.

En el texto del acuerdo se confrontan también otras cuestiones: la fraternidad deberá convertirse en una sociedad de vida apostólica, gozando así de la plena autonomía; por "razones prácticas y psicológicas, se mantiene útil la consagración de un Obispo miembro de la fraternidad". Todo parece resuelto. Sin embargo, de improviso, la mañana del 6 de mayo, el Obispo francés manda a volar el trato, lo piensa mejor y advierte en privado a Ratzinger que el 30 de junio tiene la intención de consagrar nuevos obispos. Un encuentro posterior, el 24 de mayo, se resuelve en una pérdida de tiempo y así el 2 de junio Lefebvre le escribe a Juan Pablo II comunicándole la escandalosa decisión: él y sus seguidores esperarían "un momento más propicio para el retorno de Roma a la tradición", rogando por que "la Roma de hoy, contagiada por el modernismo, vuelva a ser la Roma católica". Los tradicionalistas habían contestado duramente al encuentro interreligioso de Asís (octubre 1986), juzgándolo puro y simple sincretismo: también Ratzinger[5] debía tener reservas sobre el modo en que la reunión se había preparado

[5] El Cardenal no había tomado parte en la reunión de religiones, que había tenido lugar el 27 de octubre, aunque había participado en el discurso papal. Ciertamente, Ratzinger no había apreciado el llamativo episodio que había acompañado a la manifestación, síntoma de la ligereza de los organizadores: a algunas religiones —los budistas, los hindúes y las religiones tradicionales africanas— se les concedían iglesias para sus plegarias y sus ritos. En la iglesia de San Pedro en Asís, cerca del monasterio benedictino, los buditas habían colocado una reliquia de Buda bajo el altar. El 24 de enero de 2002, Ratzinger tomó parte en el día de oración por la paz en el mundo, convocado por Juan Pablo II en Asís: esta vez se hizo todo para evitar cualquier riesgo de sincretismo.

y llevado. Del resto, los cardenales de Baviera tenían ideas muy precisas sobre el diálogo interreligioso y el ecumenismo a finales de los tiempos del Concilio:

> El Concilio Ecuménico —escribió en 1963— no debe indicar el silencio sobre la verdad particular, por miedo de no estar al ritmo de los demás. Lo que es verdad se debe proclamar abiertamente, sin sombra de simulación. La verdad perfecta es un aspecto del amor perfecto.[6]

En la carta al Papa, Lefebvre declara que es "absolutamente necesario" para su movimiento tener "autoridad eclesiástica que equilibre nuestras preocupaciones y que ayude a protegernos del espíritu del Vaticano II y del espíritu de Asís".

El 29 de junio, 24 horas antes de las consagraciones anunciadas, Joseph Ratzinger envía un telegrama al Obispo francés: "Por el amor de Cristo y de su Iglesia, el Santo Padre le pide en modo paterno y decidido de venir a Roma el día de hoy, sin proceder a la ordenación episcopal del 30 de junio anunciada por usted..." Sin embargo, Lefebvre, el día anterior, asistido por el anciano padre brasileño de la diócesis de Campos, decidió ordenar obispos a cuatro sacerdotes de la fraternidad. Una elección poco venturosa y también de poca duración: algunos de esos sacerdotes se harán portadores de la fracción más radical, alejándose mucho de las intenciones de su fundador. El 1 de julio cayó la excomunión sobre el Obispo francés, sus colegas brasileños y sus sacerdotes recién ordenados.

¿Qué fue lo que pasó? ¿Por qué Lefebvre mandó a paseo el paciente trabajo del Cardenal Ratzinger? El anciano tradicionalista al final no se fió de lo que aseveraban sus interlocutores,

---

[6] Ratzinger, *Die erste Sitzungperiode des Zweiten Vatikanischen Konzils... cit.*, p. 46.

sobre todo en lo que concernía a la consagración de un sucesor. Explica el padre Emmanuel de Taveau, colaborador de Lefebvre en aquellos días: "El Cardenal Edouard Gagnon había llevado a cabo una visita apostólica a Ecône y había dado a entender que no se habían encontrado sacerdotes "con perfil episcopal". Monseñor Lefebvre temía que el Cardenal Ratzinger hubiera pedido consejo al Cardenal Gagnon y que, al no encontrar el "perfil episcopal" al interior de la fraternidad San Pío x, hubieran buscado afuera al nuevo Obispo".[7] Marcel Lefebvre, dirá Ratzinger, era "un hombre muy difícil".

Es curioso notar que en 1988 el Prefecto de la Fe había concluido un acuerdo doctrinal con los tradicionalistas, pero todo se desvaneció en el aire por problemas eminentemente prácticos como la nominación de un Obispo. Los tratos con la fraternidad San Pío x, retomados a partir de agosto de 2000, hoy ven al Vaticano dispuesto a conceder el máximo —mucho más de cuanto se le concedió a Lefebvre en 1988—[8] pero los seguidores del gran adversario del Concilio siguen pensando que falta claridad doctrinal. Una claridad que, en cambio, ya se había tenido antes del cisma.

> El camino todavía es largo, debo decir que es un endurecimiento fuerte en el movimiento de Lefebvre —observó Ratzinger en abril de 2001,—[9] noto que están cerrados en sí mismos y eso hace que sea problemático el camino de reconciliación, por lo menos en un tiempo breve... Debemos hacer lo posible por atraer a nues-

[7] Coloquio del padre Emmanuel de Taveau con el autor, 4 de febrero de 2002.

[8] A los seguidores de Lefebvre se les propuso la forma de la administración apostólica dependiente únicamente de la Santa Sede, que garantizaba una total autonomía a los miembros de la fraternidad. La comunidad de Campos, seguidora de Lefebvre, en Brasil, aceptó la oferta. Mientras la fraternidad San Pío X sigue intentándolo.

[9] Andrea Tornielli, "El Papa no es un rey absolutista: la Iglesia es más colegiada. Entrevista con el Cardenal Joseph Ratzinger", en *Il Giornale*, 3 de abril de 2001.

tros hermanos y hermanas, para darles esa fe que ya no tienen. En el interior de la Iglesia, las heridas se curan mejor: si el consuelo viene de fuera, las distancias logran ampliarse.

La profesión de fe de los obispos

El 25 de febrero de 1989, *L'Osservatore Romano* publicó el texto de la profesión de fe que deben hacer todos los cardenales y obispos que participan en un concilio o sínodo. Para los vicarios episcopales, los párrocos, los rectores de seminarios o de una universidad católica, los profesores de teología en el seminario o en la universidad católica y los superiores de los institutos religiosos, se introduce, por primera vez, una especie de juramento de fidelidad, aunado a los textos conciliares. Las nuevas fórmulas sustituyen a la promulgada por la Congregación para la Doctrina de la Fe en 1967, que a su vez había reemplazado a la profesión de fe Tridentino-Vaticana y al juramento antimodernista de Pío x. La versión publicada con Paulo vi predecía que los obispos se empeñaran en:

> Aceptar y retener firmemente todo lo que se definió con solemne juicio en relación con la Doctrina sobre la Fe y las costumbres o lo que se afirmó y declaró por su magisterio ordinario, relacionado en particular con el misterio de la Iglesia, los sacramentos, el sacrificio de la misa y el primado del pontífice romano.

Con el paso de los años, la fórmula fue criticada porque, se dice, no distingue bien la verdad propuesta revelada por vía divina y propuesta en modo definitivo aunque no revelada de manera divina. Además, se iba a pasar por alto el tipo de asenso que se requiere dar a las enseñanzas del magisterio del Papa que no son reveladas por vía divina ni se pueden considerar proposiciones definitivas.[10]

Las nuevas fórmulas se publican en modo inusual, sin indicación de la fecha de salida y sin la aprobación pontificia. Sólo el 19 de septiembre de 1989, Juan Pablo II, en la audiencia concedida al Cardenal prefecto de la doctrina de la fe, establece que se publiquen "en el debido modo" en el *Acta Apostolicae Sedis*. La nueva profesión de fe vuelve a proponer el Credo y agrega tres cosas que permiten "distinguir mejor el tipo de verdad y el asenso relativo requerido". El tipo de asenso requerido se indica en tres fórmulas introductorias: *1)* "*con fe firme*" creerán la verdad contenida en el *Credo* y en la palabra de Dios escrita o transmitida que la Iglesia propone creer como revelada por vía divina; *2)* "*firmemente*" tomarán y mantendrán la verdad en relación con la doctrina de la fe o las costumbres propuestas por la Iglesia en modo definitivo; *3)* es preciso adherir "*con religiosa entrega* de la voluntad y del intelecto" a las enseñanzas que "el romano pontífice o el colegio episcopal proponen cuando ejercitan su magisterio auténtico, si bien no pretenden proclamarlas como acto definitivo". También ese brevísimo documento de la Congregación desencadena muchas polémicas: pasan meses discutiendo los puntos 2 y 3. ¿Cuáles son las verdades propuestas por la Iglesia "en modo definitivo"? Documentos como *Humanae Vitae* de Paulo VI, con sus referencias a la contracción, ¿se consideran parte del Magisterio infalible y exigen simplemente una "religiosa entrega"? ¿Y esa "religiosa entrega", como se pregunta el jesuita Ladislav Orsy, maestro de derecho canónigo en la Universidad Católica de Norteamérica, en qué consiste? Se

[10] Cfr. Stefano Maria Paci, "No se jura sobre todo", en *Trentagiorni*, núm. 4 (abril de 1992), pp. 40 - 41.

teme que con esas bases se pueda llegar a dogmatizar todo: de la contracción a los textos sostenidos en el documento sobre la procreación *in vitro*. Curiosamente, las críticas en ese caso saldan dos frentes opuestos: el panorama internacional de inspiración laica ataca fuertemente la profesión de fe y habla de un "regreso al Juramento antimodernista: basta que la autoridad insista respetuosamente sobre un punto, para que éste se convierta, como mínimo, en algo digno de 'religiosa entrega'".[11] En 1992, monseñor Walter Brandmüller, maestro de Historia de la Iglesia en Augusta, revela: "De hecho, tres años después de su emanación, en Alemania la profesión de fe no es llevada a cabo por nadie. Se perdió en los fatigosos coloquios de las comisiones episcopales..."

En 1998, la Congregación para la Doctrina de la Fe regresará al argumento con una nota ilustrativa[12], en la cual se explican las tres acciones diferentes de la fórmula.

> En lo que respecta a la naturaleza del asenso que se debe a la verdad propuesta por la Iglesia como revelada por vía divina (primer punto) o al retenerse en modo definitivo (segundo punto) —escribe el ex Santo Oficio— es importante subrayar que no hay diferencia en relación con el carácter pleno e irrevocable del asenso, debido a las respectivas enseñanzas.
>
> La diferencia se refiere a la virtud sobrenatural de la fe: en el caso de la verdad del primer punto, el asenso se funda directamente sobre la fe en la autoridad de la palabra de Dios (doctrina *de fide crescenda*); en el caso de la verdad del segundo punto, se

[11] Declaraciones del padre Patrice Laroche, maestro de derecho canónigo y de teología moral en el seminario de Ecône. Citado por Estéfano Maria Paci en *Trentagiorni*, núm. 4 (abril 1992), p. 41.

[12] Nota ilustrativa doctrinal de la fórmula conclusiva de la *Professio fidei*, 29 de junio de 1998.

> funda sobre la fe en la ayuda del Espíritu Santo al magisterio y sobre la doctrina católica de la infalibilidad del magisterio (doctrina *de fide tenenda*).

La nota explica que, cuando:

> sobre una doctrina no existe un juicio en la forma solemne de una definición, pero esa doctrina pertenece al patrimonio del *depositum fidei*, es enseñada por el magisterio ordinario y universal —que incluye necesariamente el del Papa—, eso debe entenderse ahora como propuesto de manera infalible.

El documento examina la tercera proposición de la profesión de fe, la que pide la adhesión "con religiosa entrega de la voluntad y del intelecto" a las enseñanzas del Papa o del Colegio Episcopal, aun cuando no pretendan proclamarlas con un acto definitivo.

> A este punto —explica la Congregación— pertenecen todas las enseñanzas —en materia de fe o de moral— presentadas como verdaderas o al menos seguras, incluso si no se establecen de manera definitiva con juicio solemne ni se proponen como definitivas para el magisterio ordinario y universal... La propuesta contraria a tal doctrina puede calificarse respectivamente como errónea, o más bien, en el caso de las enseñanzas de orden prudencial, como temeraria o peligrosa.

Como ejemplo de las doctrinas referidas a las tres proposiciones diferentes, el documento sugiere, entre otros: para el primer punto "los artículos de la fe del Credo, los diversos dogmas marianos, la doctrina de la presencia real de Cristo en la Eucaristía..."; para el segundo punto, la infalibilidad del Papa, la doctrina sobre la ordenación sacerdotal reservada sólo para los hombres, la canonización de los santos, el carácter ilícito de la eutanasia; para el tercer punto:

> En general las enseñanzas propuestas por el magisterio auténtico ordinario en modo no definitivo, que requieren de un grado de adhesión diferenciado, según la mente y la voluntad manifestadas, que se desprenden especialmente de la naturaleza del documento, de la frecuente reproposición de la doctrina misma o bien del tenor de la expresión verbal.

¿Demasiados santos?

En marzo de 1989, el Cardenal Ratzinger está en el centro de una nueva polémica, pero esta vez debido a que parece haber tomado distancia cortésmente de su mismo "empleador", el Papa Wojtyla. Al margen de una conferencia cerca del Centro Cultural San Rocco di Seregno, un pueblito de Milán, en respuesta a una pregunta crítica sobre el incremento de las beatificaciones y canonizaciones ("Da un poco el sentido de promociones, como si la Iglesia quisiera premiar un poco a todos", decía el autor de la pregunta), el Cardenal respondió que sí, en efecto, desde unos diez años atrás había aumentado el número de personas elevadas al honor de los altares y entre ellas se encuentran también "personas que tal vez le dicen algo a cierto grupo, pero no le dicen mucho a la gran multitud de creyentes". Afirmaba además que para el futuro sería útil una reflexión sobre la "prioridad" de asignar, en el grupo de los candidatos a la santidad, figuras que portan un mensaje más universal. Algunos días después, esa respuesta que duró apenas unos minutos, se convirtió en título de primera plana: "Demasiados santos en los altares". Ratzinger critica a la Iglesia. En Seregno, tiene lugar la lucha del alto prelado en contra de las beatificaciones fáciles. El Cardenal precisará sus ideas en el curso de una entrevista para la publicación mensual *Trentagiorni.*[13]

> Nunca he afirmado que en la Iglesia haya demasiados santos. Sería algo absurdo, puesto que los santos nunca pueden ser demasiados... El número de santos, gracias a Dios, es incomparablemente mayor al grupo de figuras enaltecidas mediante la canonización. Mi interrogante, si es sensata una serie demasiado amplia de canonizaciones, se refería sólo a ese último grupo... En realidad, había dicho que ese problema no existía sino hasta ahora, pero que ahora gradualmente requiere ser afrontado. Esa afirmación presupone la consideración de que cada canonización de manera inevitable es ya una elección a favor de una prioridad... Me parece lícita la pregunta de si las prioridades generalmente en vigor no deben completarse hoy mediante nuevas elevaciones, para colocar frente a los ojos de la cristiandad a las figuras que la Santa Iglesia nos hace visibles más que nada entre tantas figuras de santidad.

Como se puede ver, Ratzinger desmiente lo crudo del título, pero replantea la sustancia del problema y su propuesta de rediscutir los mecanismos de elección de los candidatos al honor de los altares que, durante el pontificado actual, ha tenido un récord de ceremonia.

CONTRA EL YOGA CRISTIANO

El 15 de octubre de 1989, la Congregación publica una carta a los obispos sobre "Algunos aspectos de la meditación cris-

[13] Marina Ricci, "Nunca dije que eran demasiados. Entrevista con Joseph Ratzinger", en *Trentagiorni*, núm. 5 (mayo 1989), pp. 20 - 22.

tiana" (*De quibusdam rationibus christianae mediationis*). Es una respuesta a la afición, entre los católicos, de las técnicas de oración y meditación orientales. A dos pasos de la Cúpula de San Pedro se encuentran cursos de "iniciación a la oración profunda": en el programa que proponen, expuesto en seminarios, universidades pontificias y oficinas parroquiales, se atrae con lenguaje casi iniciático a los caminos de perfección espiritual que incluyen el conocimiento del mensaje profundo proveniente "del mundo onírico". Algunas congregaciones religiosas proponen retiros anuales en forma de sesiones de yoga, y lo zen se encuentra en la base de los cursos de catequesis de muchas parroquias. En la editorial católica, los textos que tratan de las visiones orientales sobre la oración cristiana ocupan un porcentaje cada vez mayor.

> La oración cristiana —se lee en la carta— está llena de técnicas impersonales o concentradas en el yo, capaces de producir automatismos en los cuales el que reza permanece prisionero de un espiritualidad intimista... En métodos similares de meditación —continúa el documento— incluso cuando se toman las palabras y obras de Jesús, se busca prescindir lo más posible de lo terrenal, lo sensible...

El ex Santo Oficio explica que "existe una estrecha relación entre revelación cristiana y plegaria", que "la Iglesia recomienda siempre la lectura de la palabra de Dios como algo que surge de la oración cristiana"; y que "la oración de Jesús se encuentra en el corazón de la Iglesia y por lo tanto la oración cristiana, aun cuando se da en soledad, en realidad siempre se encuentra al interior de la comunión de los santos en la cual y con la cual se reza, tanto en forma pública y litúrgica como en forma privada".

Algunos ejercicios físicos —continúa la carta— producen automáticamente sensaciones de quietud y distensiones, sentimientos gratificantes, quizá fenómenos de luz y de calor que se asemejan a un bienestar espiritual. Cambiarlos por auténticos consuelos del Espíritu Santo sería un modo totalmente erróneo de concebir el camino espiritual. Atribuirles significado simbólico típico de la experiencia mística, cuando el estado moral del interesado no corresponde a ésta, representaría una especie de esquizofrenia mental, que tal vez podría conducir a trastornos psíquicos y, algunas veces, a aberraciones morales.

LA VOCACIÓN DEL TEÓLOGO

Hacia el inicio de su servicio en la Santa Sede, Ratzinger había sido atacado con críticas y disensos. Hacia fines de 1988, se difunde en los medios masivos mundiales un texto de Bernhard Häring, sumamente crítico en relación con el pontificado de Juan Pablo II —en particular en materia de ética sexual— seguido, el 25 de enero de 1989, de la llamada "Declaración de Colonia", firmada por numerosos e influyentes teólogos alemanes, holandeses, suizos y austriacos, en total 163. El portavoz del vaticano, Navarro-Valls, minimiza y habla del "fenómeno local" pero, de inmediato, en el mundo católico se asiste a una muestra general de solidaridad hacia los disidentes. La primera toma de posición italiana a favor de la citada declaración proviene de la Comunità di base (Comunidad de base) (CdB), de origen brasileño, que esperan "un cambio de una Iglesia autoritaria y centralista... consistiendo así en una autonomía real de la Iglesia local en cuyo interior se afirma la libertad evangélica, democracia, conciencia crítica, igualdad, carisma, derechos humanos".[14] A la Declaración de Colonia,

[14] Cfr. *Adista*, año XXIII, n. 11, del 9-10-11 de febrero 1989, p. 12.

cuya lista sigue creciendo, le siguen "declaraciones" de intelectuales y teólogos franceses,[15] 62 teólogos españoles, mientras se difunden constantemente nuevas fórmulas para el "diálogo en la Iglesia" y señales de disenso de parte de los exponentes de numerosas órdenes religiosas

El 15 de mayo de 1989, también algunos teólogos italianos difunden el considerado "Documento de los sesenta y tres": entre los firmantes se encuentran Severino Dianich, Giuseppe Alberigo, Dario Antiseri, Enzo Bianchi y cuatro docentes del seminario arzobispal de Venegono, donde se forman los nuevos sacerdotes milaneses. En sustancia, en esos llamados se denuncia la presencia de "chispas de regresión" en la Iglesia, se pide que "la interpretación fiel de la verdad se encuentre dentro de la existencia histórica de la comunidad" y por lo tanto había una connotación eminentemente pastoral; la función del Magisterio se reformula y no se debe hablar de infalibilidad de lo ordinario y universal; la Santa Sede debería ser menos centralista y terminante también en lo que concierne a los criterios para nombrar obispos; es necesario profundizar el tema de lo lícito de los pronunciamientos romanos en materia de ética. Una toma de distancia prudente de la Declaración de Colonia, llega en noviembre de 1989, del teólogo Walter Kasper, desde siete meses atrás Obispo de Stoccarda: el prelado alemán entrevistado por la revista italiana *Il Regno*, sostiene que el llamado presenta una forma "en ocasiones demasiado polémica y ruda", que "el contenido no responde a veces a los datos y afirmaciones científicamente citados", pero que "eso no excluye el díalogo". Kasper repite que detrás de la Declaración de Colonia se encuentran "deseos justificados y problemas abiertos sobre los cuales se debe discutir".

---

[15] Cfr. "Ya no podemos callar. Documento de los intelectuales católicos franceses: obispos y Vaticano matan la libertad", en *Adista*, año XXIII, núm. 27, 10-11-12, abril 1989, p. 5.

El año siguiente, el 24 de mayo de 1990, la Congregación de Ratzinger publica la Instrucción *Donum Veritatis*, sobre la "vocación eclesial del teólogo", una puntualización y una respuesta a los llamados de los disidentes. El ex Santo Oficio observa que:

> En los tiempos de grandes monumentos espirituales y culturales, la teología sigue siendo lo más importante, pero está expuesta a riesgos, debiendo esforzarse por "permanecer" en la verdad. El teólogo —se lee en la Instrucción—, en modo particular tiene la función de adquirir, en comunión con el magisterio, una inteligencia cada vez más profunda de la palabra de Dios contenida en la Escritura inspirada y transmitida por la tradición viva de la Iglesia... La teología ofrece entonces su contribución para que la fe se convierta en algo comunicable y para que la inteligencia de quienes no conocen todavía a Cristo pueda buscarlo y encontrarlo.

Después de haber afirmado que "el teólogo es llamado a intensificar su vida de fe y a unir siempre la investigación científica y la oración", precisa que la exigencia crítica, el rigor científico y el control racional de cada etapa de la investigación, "no se identifica con el espíritu crítico que nace más bien de las motivaciones de carácter afectivo o de prejuicios".

> El teólogo, sin olvidar ser también miembro del pueblo de Dios, debe nutrir de respeto sus confrontaciones e impregnarse en dar una enseñanza que no atente en ningún modo a la doctrina de la fe. En teología —explica la Instrucción— la libertad de investigación se inscribe al interior de un saber racional cuyo objeto está dado por la revelación transmitida e interpretada en la Iglesia bajo la autoridad del magisterio y acogida por la fe.

Alterar estos datos, que tienen un valor de principio, equivaldría a dejar de hacer teología. Donde la dificultad y el disenso persisten —afirma la Congregación—, el teólogo evitará recurrir a los medios masivos en vez de regresar a la autoridad responsable, porque de esa forma no está ejercitando una presión sobre la opinión pública que puede contribuir a la aclaración de los problemas doctrinales y servir a la verdad.

La Iglesia, el "pelagianismo" y la burocracia

El 1 de septiembre de 1990, Joseph Ratzinger participa en la edición número XI de la Reunión para la Amistad de los Pueblos de Rimini, iniciativa originada por un grupo de adherentes al movimiento de Comunión y Liberación de la ciudad romana, que se convirtió en uno de los puntos más vivos culturalmente de Italia. Frente a diez mil personas que llenan el auditorio, el Cardenal lee un texto titulado *Una compañía que siempre se reforma*. Es una intervención que deja estupefactos tanto a los partidarios de Ratzinger como a quienes no lo apoyan: los primeros se sorprenden por "el extremismo" del *Panzerkardinal*, los segundos por su oposición a la burocracia que no deja fuera ni siquiera a la Curia Romana de la cual forman parte los mismos cardenales.

También en la Iglesia hoy vivimos, me parece, esta tentación, naturalmente comprensible como humanos, de darse a entender incluso donde no hay fe y se cree —explica Ratzinger— que el puente entre la fe de la Iglesia y la mentalidad podría ser la moral. Todos ven más o menos que se necesita una moral y así ofrecen a la Iglesia como una garantía de moralidad, como una institución de moralidad, y no tienen el valor de presentar el Misterio. El Misterio no es accesible, piensan, omitamos esas cosas oscuras y hablemos de cosas comprensibles, hablemos de la moral... En ese sentido, pretendía acceder a una tentación cristiana y católica de reducir, con una reflexión comprensible pero equivocada, el anuncio cristiano a la moral y justo así se agota también la moral misma.

La reducción de Cristo a modelo moral, típico de la herejía pelagiana ("El error de Pelagio tiene muchos más seguidores hoy de lo que parece a primera vista"), es un tema que en los meses sucesivos retomará Ratzinger, en su intervención en el Sínodo de obispos bajo la figura del sacerdote.

Luego, se dejan oír, en el discurso de la Reunión, en la Iglesia, las palabras del Cardenal sobre el primado, de la vida respecto a las estructuras.

El activista, aquél que quiere construir todo por sí, es el contrario del que admira ("el admirador"). Eso restringe el ámbito de la propia razón y pierde así de vista al Misterio. Cuanto más se extiende el ámbito de las cosas decididas *per se* y hechas *per se* en la Iglesia, más estrecha se vuelve para todos nosotros. La dimensión liberadora de la Iglesia no está constituida por lo que nosotros mismos hacemos, sino por lo que nos es dado a todos. Lo que no proviene de nuestra voluntad e invención, nos llega de lo que es inimaginable, de lo que es "más grande que nuestro corazón" .

Hoy es difusa, incluso en ambientes eclesiásticos elevados —continúa el Cardenal— la idea de que una persona sea tanto más cristiana cuanto más impregnada está de actividades religiosas. Se piensa en una especie de terapia eclesiástica de la actividad, del poner manos a la obra, se busca asignarle una tarea a cada uno, o, en todo caso, por lo menos algún encargo al

> interior de la Iglesia. De alguna manera, así se piensa, siempre se debe tener una actividad eclesial, se debe hablar de la Iglesia o se debe hacer algo por ella. Sin embargo, un espejo que se refleja solamente él mismo ya no es un espejo... Puede ocurrir que alguno ejerce sin interrupciones actividades de asociaciones eclesiásticas y no sea realmente un cristiano. Por el contrario, puede ocurrir que algún otro viva solo y simplemente de la Palabra y del Sacramento y practique el amor que proviene de la fe, sin involucrarse nunca en comisiones eclesiásticas, sin estar nunca ocupado con las novedades de política eclesiástica, sin haber formado parte jamás de los sínodos y sin haber votado en ellos y no obstante ser un verdadero cristiano.
>
> Después del Concilio creamos tantas estructuras nuevas, tantos consejos en diversos niveles, aún se siguen creando... debemos ser conscientes de que esas estructuras siguen siendo algo secundario, de utilidad para el nivel primario y deben ser capaces de durar y de no sustituirse, por así decirlo, en la Iglesia. En ese sentido, he solicitado un examen de conciencia que bien podría entenderse también en la Curia Romana, porque se valora si todas las congregaciones que existen hoy son necesarias. Después del Concilio ya habíamos tenido dos reformas de la curia, de modo que no hay razón para excluir una tercera.

Palabras que suenan estridentes con la imagen de Ratzinger pintada por los medios mundiales y que acogen las instancias de cuantos proponen "aligerar" la burocracia romana cambiando las estructuras de la Santa Sede.

El Cardenal volverá a ese argumento en otras ocasiones; por ejemplo, durante su discurso en el Sínodo de los obispos para Asia, el 28 de abril de 1998, cuando dirá:

> Hay motivos reales para temer que la Iglesia pueda englobar demasiadas instituciones de derechos humanos, que se conviertan

en una especie de coraza de Saúl, que le impedía caminar al joven David.

Siempre es necesario —agregará— calcular si las instituciones que una vez fueron útiles lo siguen siendo... El único elemento institucional necesario para la Iglesia es el que dio el Señor: la estructura sacramental del pueblo de Dios, centrada en la eucaristía.

EN DEFENSA DE OTTAVIANI

En el cierre de un año muy intenso para el Prefecto de la Fe, el 11 de diciembre de 1990, ocurrió el centenario del nacimiento del Cardenal Alfredo Ottaviani, el "policía de la Iglesia" que había guiado al Santo Oficio con Pío XII, Juan XXIII y, hasta 1967, con Paulo VI. La conmemoración tuvo lugar en el Vaticano, en presencia del presidente de la República, Francesco Cossiga, y del presidente del Consejo, Julio Andreotti.

Ottaviani —afirma Ratzinger—, ha sostenido en alto, sin miedo, el escudo de la fe y ha blandido la espada del espíritu, en la Iglesia, de ese modo ha contribuido en el Consejo a la reforma litúrgica y en lo que respecta al Santo Oficio, la reforma de esa institución se elabora bajo su dirección. Pero lo que más admiro —continúa el prefecto— es el silencio de los últimos años de vida. ¡Cuántas cosas por las que había sufrido y combatido se cayeron! ¡Cuántas cosas que quería le fueron arrebatadas de las manos o se disiparon! Eso no impidió que luchara y se empeñara con las cosas y por las cosas que le parecían esenciales. Pero en el mismo tiempo en una obediencia sacerdotal más alta aceptó lo que la autoridad de la Iglesia había dispuesto, incluso cuando debía parecerle poco plausible en algunas ocasiones.

Así se refirió Ratzinger probablemente a la reforma litúrgica posterior al Concilio, que Ottaviani había contestado de manera abierta, poniendo su firma en un libreto sumamente crítico hacia el *Novus Ordo Missae.*

La familia en el cielo

En noviembre de 1991, fallece Maria, la hermana mayor del Cardenal, que había vivido con él en el apartamento romano de la plaza de la Città Leonina, donde el Cardenal vivió desde su llegada a Roma, al inicio de 1982.

VIII

Las iglesias locales, el catecismo y la política

El 15 de junio de 1992, la Congregación para la Doctrina de la Fe publica la carta *Communionis Notio*, sobre "algunos aspectos de la Iglesia como comunión". Es un documento doctrinal bastante breve, para todos los obispos, que explica el tema de la "comunión" en la Iglesia, considerándolo estrechamente ligado al principio del primado papal, mediante el cual los sacerdotes y todos los fieles deben sentirse "unidos con Pedro y bajo Pedro". Joseph Ratzinger es el principal autor, con tres teólogos de la Curia Romana. El documento se hizo necesario, precisa el mismo texto, porque esos teólogos "muestran una comprensión insuficiente de la Iglesia local o particular, "a modo de debilitar en el plano visible e institucional, la concesión de la unidad de la Iglesia".

En cambio, afirma el texto, la Iglesia católica "no se puede concebir como la suma de las iglesias particulares, ni como una federación de iglesias". Eso, explica el ex Santo Oficio "precede a toda iglesia particular" y es "Iglesia una y sólo una" que "protege a las iglesias particulares como hijas, se expresa como madre y no como producto" de esas iglesias.

Todo eso vale también en el diálogo con las iglesias ortodoxas y con las comunidades eclesiásticas protestantes para persuadir al reconocimiento del "primado de Pedro".

El documento subraya que cierto tipo de comunión existe ya, además de entre los católicos, quizá con algunas comunidades "separadas", y "especialmente con las iglesias orientales ortodoxas" de las cuales la Iglesia romana considera válida la eucaristía y la sucesión apostólica. No obstante, el hecho de que no estén "en comunión" con el sucesor de Pedro implica una "herida", aunque menos profunda de la que la Iglesia católica siente en las confrontaciones de los protestantes. Y tal situación, concluye la carta a los obispos, "reclama con fuerza todos los empeños ecuménicos hacia la plena comunión", empeños en los que se incluye la oración, el diálogo y las colaboraciones "de modo que una nueva conversión con el Señor se vuelva posible para que todos reconozcan el primado de Pedro". Ratzinger, al presentar el documento a los periodistas en la Sala Stampa del Vaticano, dice que "no está dirigido contra un teólogo determinado" ni contra especiales tendencias, pero que pretende subsanar "cuestiones equivocadas y erróneas".

El Cardenal agrega también que no quiere "hacer el funeral al concepto de Iglesia como pueblo de Dios, lo cual afirmó en el Concilio como tutela del pluralismo legítimo, pero que va integrado con el igualmente "esencial" de "Iglesia como comunión". En aquella misma ocasión, el Secretario de la orden, el Arzobispo Alberto Bovone, dice que se cuestiona la imagen "arcaica y negativa" de la congregación "como el gigante de una novela de Steinbeck (*La fuerza bruta*) que estrangula con la mano al ratón blanco", o sea, al teólogo.

Una querella con Walter Kasper

La carta sobre la Iglesia como comunión estará en el origen de una de las múltiples polémicas y discusiones que verán a Ratzinger contraponerse a las ideas y escritos de algunos obispos alemanes, en particular Walter Kasper. Aunque cronológicamente la disputa de quien estamos a punto de describir llegará ocho años después de la publicación del documento, es oportuno anticiparla en este momento. Kasper, Obispo de Stoccarda, es llamado a Roma en marzo de 1999 como Secretario del Concilio Pontificio para la Promoción de la Unidad de los Cristianos; después de dos años se convierte en presidente y obtiene el título de Cardenal. Del 25 al 27 de febrero de 2000 se celebra en el Vaticano una reunión sobre la actuación del Concilio Vaticano II. Todo se desarrolla a puerta cerrada, las intervenciones no se publican. Con una excepción: la larga disertación de Ratzinger sobre *Lumen Gentium*. "L'ecclesiologia di communione", reportada íntegramente en *L'Osservatore Romano* con fecha 4 de marzo.[1] El Prefecto de la Fe critica las opiniones teológicas de fray Leonardo Boff, pero también critica —de modo neto— algunas afirmaciones de monseñor Kasper.

Refiriéndose a la carta sobre la Iglesia como comunión, Ratzinger afirma:

> No se expresa con toda exactitud el sentido del texto de la Congregación para la Doctrina de la Fe cuando, al respecto, Walter Kasper dice que la comunidad de Jerusalén sería convertida de inmediato en Iglesia universal e iglesia local al mismo tiempo.

---

[1] "L'ecclesiologia della *Lumen Gentium*" en *L'Osservatore Romano,* 4 de marzo de 2000, pp. 6 -8. El artículo también es citado con notable evidencia en la primera plana del cotidiano de la Santa Sede.

Ciertamente ésta representa una elaboración: de hecho, desde el punto de vista histórico desde el inicio existían presumiblemente más comunidades; junto a la comunidad de Jerusalén también había comunidades en Galilea.[2]

Continúa Ratzinger:

Aquí no se trata de las preguntas que para nosotros no tienen solución, cuando justamente y por primera vez salieron de las comunidades cristianas, sino del inicio interior de la Iglesia en el tiempo que Lucas quiere describir y que se encuentra en toda revelación empírica que reconduce a la fuerza del Espíritu Santo. Sobre todo, pero no sin hacer justicia a la narración de Lucas, se dice que "la comunidad originaria de Jerusalén" habría sido al mismo tiempo Iglesia universal e iglesia local. La primera realidad, en la narración de Lucas, no es una comunidad originaria de Jerusalén, sino la primera realidad y el antiguo Israel de los doce, que es único, se convierte en algo nuevo y es ese único Israel de Dios por medio del milagro de las lenguas, el primero en convertirse en representaciones de una Iglesia local de Jerusalén, así se muestra como una unidad que abarca todos los tiempos y todos los lugares. En los peregrinos presentes, provenientes de todos los pueblos, se encuentran también todos los pueblos del mundo. Tal vez no es necesario sobrevaluar la cuestión de la procedencia temporal de la Iglesia universal, que Lucas, en su narración, propone claramente. No obstante, sigue siendo importante que la Iglesia de los doce proviene del único Espíritu desde el inicio para todos los pueblos, aunque desde el primer instante se orienta a expresarse en todas las culturas y es de esa manera el único pueblo de Dios: no una

[2] La polémica fue reconstruida por la publicación mensual *Trentagiorni*, núm. 3 (marzo 2000), en la página dedicada a las noticias a cargo de Gianni Cardinale.

comunidad local que se expande lentamente, sino algo orientado siempre al conjunto y que lleva en sí una universalidad desde el primer instante. La resistencia en contra de las afirmaciones de la procedencia de la Iglesia universal respecto a las iglesias particulares teológicamente es difícil de comprender o bien es incomprensible. Sin embargo, se vuelve comprensible sólo a partir de una formulación (de Walter Kasper, *N.del A.*): "La fórmula se vuelve totalmente problemática si la única Iglesia universal viene identificada de manera tácita con la Iglesia romana, *de facto* con el Papa y la curia. Si eso sucede, entonces la carta de la Congregación para la Doctrina de la Fe no puede entenderse como un apoyo a la aclaración de la eclesiología de comunión, sino que se debe comprender como su abandono y como el intento de una restauración del centralismo romano". En ese texto, continúa Ratzinger, la identificación de la Iglesia universal con el Papa y con la curia se introduce en principio como hipótesis, como peligro, pero puede parecer atribuida a la carta de la Congregación para la Doctrina de la Fe, que aparece así como restauración teológica y como énfasis del Concilio Vaticano II. Este salto interpretativo sorprende, pero representa sin duda alguna algo bastante difuso: eso da voz a una acusación que se escucha por todos lados, y expresa también una creciente incapacidad para representarse bajo la Iglesia universal, bajo la Iglesia, una, santa, católica... Como único elemento configurable permanecen el Papa y la curia y si se da una clasificación demasiado alta desde el punto de vista teológico es comprensible que se sienta una amenaza.

El texto de Ratzinger, publicado en el cotidiano de la Santa Sede, no lleva notas a pie de página. Los textos de Kasper que el prefecto tenía en la mira están tratados en el ensayo *Teología y praxis del ministerio episcopal* (*Zur Theologie und Praxis des bischöflichen Amtes*) publicado en 1999 en un volumen de textos en honor a Josef Homeyer, Obispo de Hildesheim.[3]

EL OBISPO RESPONDE...

Monseñor Kasper medita sobre las consideraciones de Ratzinger y responde. Su respuesta aparece en diciembre de 2000 en la publicación mensual de los jesuitas alemanes: *Stimmen der Zeit* y traducida al inglés en la publicación semanal de los jesuitas de ese país, *América* (23-30 de abril de 2001) y en el semanario católico inglés *The Tablets* (23 de junio). La traducción al italiano sigue disponible en *Adista* (18 de junio). Mientras tanto, el 21 de febrero de 2001, Kasper es nombrado Cardenal.

En la respuesta, el prelado sostiene que el documento sobre Iglesia y comunión de 1992 "critica —y justamente— una eclesiología que considera únicamente a la Iglesia local y que lleva a entender a la Iglesia universal como el resultado de una asociación de iglesias locales", pero sostiene que "el primado histórico y odontológico de la Iglesia universal" es una tesis que "crea problemas". Kasper observa:

> Ratzinger justifica el primado ontológico con la preexistencia de la Iglesia... Si se libera de la tesis de la preexistencia de su formulación contingente, entonces se debe decir que la Iglesia no es el resultado de circunstancias casuales, evoluciones o decisiones históricas, en cambio, se funda en la eterna voluntad de salvación de Dios. Esta idea está expresada en las cartas

[3] *Auf neue Art Kirche sein. Wirklichkeiten—Herausfordenrun—Wandlungen. Festschrift für Bishof Dr. Josef Homeyer*, de Werner Schreer y Georg Steins. El libro se publicó después del nombramiento de Kasper en el Concilio Pontificio para la Promoción de la Unidad de los Cristianos, pero se presume que el ensayo se había compilado antes.

paulinas, cuando hablan del eterno misterio de salvación de Dios, que nació en los tiempos antiguos, pero que ahora se reveló en la Iglesia y a través de la Iglesia... Una preexistencia de la Iglesia tan intensa no se puede contestar, es irrenunciable para la comprensión de la Iglesia desde el punto de vista teológico. Pero se pregunta si se incluye concretamente para nuestra indagación relativa al primado ontológico de la Iglesia universal... ¿Por qué la única Iglesia no puede preexistir en cuanto a Iglesia "en virtud" de las iglesias locales? La tesis de la preexistencia de la Iglesia no demuestra ningún favor de la tesis del primado de la Iglesia universal. La tesis de la preexistencia de la Iglesia puede justificar bien la tesis, sostenida por mí y por muchos otros, de la simultaneidad de las iglesias particulares y de la Iglesia universal.

En sus conclusiones, Kasper escribe:

> Considerada más de cerca, la controversia sobre la cuestión del primado de la Iglesia universal se revela no tanto como una cuestión de doctrina eclesiástica, sino como una orientación teológica y por lo tanto de las diversas filosofías tomadas en consideración: toman el asunto de manera más platónica del primado de la idea o del universal, o tal vez ven más aristotélicamente lo universal realizado en lo concreto. La segunda orientación de pensamiento no tiene nada que ver con una reducción del dato empírico...

Es curioso observar que Kasper, en su intervención de respuesta, hablando de las cuestiones ecuménicas ligadas a la ortodoxia y al primado de Pedro, recuerda que:

> La Iglesia del primer milenio, con su patrimonio común a todas las iglesias, posee un significado determinante. Fue Joseph

Ratzinger quien, en su conferencia en Graz en 1976, formuló la tesis de que "no puede ser imposible hoy para los cristianos lo que fue posible durante un milenio... Dicho de otro modo: Roma debe exigir del Este pero en lo que concierne a la doctrina del primado no puede exigir más que lo que se estableció y vivió en el primer milenio". Esa "fórmula Ratzinger" ha tenido amplia resonancia y recepción y se ha vuelto fundamental para el diálogo ecuménico.

... y el Prefecto responde

La polémica a distancia continúa: el 19 de noviembre de 2001 la revista de los jesuitas estadounidenses, *América,* incluye una contribución del Cardenal Ratzinger sobre "iglesia local e Iglesia universal". El Cardenal de Baviera afirma aceptar la fórmula usada por Kasper de que "la Iglesia local y la universal están unidas una a la otra", pero luego, usando un lenguaje bíblico para describir a la Iglesia, agrega que se puede ser "sólo una esposa, sólo un cuerpo de Cristo, no muchas esposas, ni muchos cuerpos". Ratzinger no acepta que su concepción de la Iglesia universal esté unida al centralismo de la Curia Romana:

"Esta unión, hablando objetivamente, no tiene sentido..., la Iglesia de Roma es una iglesia local y no la iglesia universal, es una Iglesia local con una responsabilidad particular, universal, pero siempre una iglesia local." Ratzinger concluye su intervención con "una pequeña nota humorística". Después de haber recordado que Kasper en su texto invocaba al teólogo católico Joachim Gnilka, para afirmar que "en San Pablo la comunidad local es el punto central", afirma que en Rudolf Bultman se puede leer exactamente lo contrario. Y, después de haber citado al teólogo protestante, concluye:

Este conflicto entre Gnilka y Bultman muestra, primero que nada, la relatividad de los juicios exegéticos. Pero justo por esa razón es especialmente instructivo en nuestro caso, porque Bultman, que defendió vigorosamente la tesis de la preeminencia de la Iglesia universal sobre la iglesia local, nunca podría ser acusado de platonismo romano. Quizá fue simplemente porque se encontraba fuera de esas controversias por lo que fue capaz de leer e interpretar los textos con una mentalidad más abierta.

Hemos dado mucho espacio a la "querella" Ratzinger-Kasper, no obstante, el tema teológico es más especial, porque se infiltra en una polémica más vasta que ha visto contrapuestos al Prefecto de la Doctrina de la Fe y a algunos miembros importantes del episcopado alemán, exteólogos. Y sobre todo porque eso no se limita al caso en cuestión, sino, como veremos, se refiere también a la Declaración *Dominus Iesus*. Además, se resalta que un debate público así, con dos cardenales insertos en el organigrama del vértice de la Santa Sede, es algo típicamente alemán: Ratzinger y Kasper son dos teólogos, cerrados en sus posiciones respectivas, acostumbrados a discutir en público como ocurre en la facultad de Alemania. No obstante, no cabe duda de que el debate denota, cuando menos, una cierta libertad justo en los centros de ese poder romano que ciertos teólogos consideran como "centralista" y "absolutista".

En la disputa sobre la relación entre la Iglesia universal y la iglesia particular se inserta también el *Motu proprio* de Juan Pablo II *Apostolos suos*, dedicado a las conferencias episcopales. Al presentarlo, en julio de 2002, Ratzinger explicará que las conferencias episcopales "en cuanto a tales no son una realidad que sustituya o sea paralela al ministerio del Obispo, no constituyen *per se* una instancia doctrinal vinculante y superior a la autoridad de ningún Obispo que la componga". Subrayando el aspecto de novedad del documento papal, el Cardenal observará:

> Si las declaraciones doctrinales emanadas de una conferencia se aprueban por unanimidad en la reunión de obispos, pueden ser publicadas a nombre de la conferencia misma y los fieles son animados a adherirse con religiosa entrega de ánimo a ese magisterio auténtico de los propios obispos, que debe estar siempre en comunión con el magisterio del Jefe del Colegio Episcopal, el pontífice romano. Si, no obstante, falta tal unanimidad, la única mayoría calificada de los obispos de una conferencia no puede publicar la declaración final como magisterio auténtico de la misma a la cual deben adherirse todos los fieles del territorio, a menos que tal documento aprobado sólo con una mayoría calificada no obtenga el *recognitio* de la Sede Apostólica.

La aventura del *Catecismo*

Después del viaje al futuro que nos permitió referir someramente la polémica entre el prefecto y Kasper, regresemos a 1992. El año del nuevo Catecismo de la Iglesia universal. La tarea de preparar un nuevo *Catecismo de la Iglesia Católica*, que, según la novedad conciliar, se presenta como un texto único y como punto de referencia completo para todos los instrumentos de catequesis utilizados en los diversos países, se la había encargado Juan Pablo II a una comisión compuesta por doce cardenales y obispos, guiados por el Cardenal Ratzinger. La petición se había hecho durante el Sínodo extraordinario de obispos que había tenido lugar en Roma el año anterior. El trabajo real proviene de un cuerpo de redacción coordinado por el teólogo dominicano Christoph Schöborn, aliado de Hans Urs von Balthasar, colaborador de la revista *Communio*, nombrado Obispo auxiliar en 1991, Arzobispo de Viena tres años después, Cardenal en 1998. El único italiano que participa en la redacción del *Catecismo* es el Obispo de Como, Alessandro Maggiolini.

El 9 de diciembre de 1992, el texto se presenta oficialmente en el Vaticano, aunque en realidad ya se conoce, dado que el editor francés lo ha anticipado unas semanas antes de su publicación. El *Catecismo*, explica el Prefecto de la Doctrina de la Fe, contrariamente a lo que subrayan los medios masivos, no quiere ser un elenco de comportamientos prohibidos actualizados, sino una presentación razonada de la fe, de sus sacramentos, de la oración.

"Y —dice—, también un libro de moral, pero es algo más. Trata del ser humano, pero en la convicción de que la pregunta sobre el hombre no puede ser separada de la pregunta sobre Dios." La afirmación fundamental sobre el hombre —para Ratzinger— en el *Catecismo* suena así:

> El hombre es creado a imagen de Dios. Y sobre eso se fundan los derechos humanos, que son propios de la persona humana desde su concepción hasta el último segundo de su existencia. No hay necesidad de que ninguno se la confiera, de la misma manera que ninguno puede quitársela: la tiene en sí mismo. Sobre la semejanza con Dios se funda entonces la dignidad humana, que permanece intangible, y la igualdad de los seres humanos: todos criaturas del único Dios. No se trata, en suma, de un elenco de pecados. Se trata siempre de la pregunta: ¿cómo puedo hacer justicia a mi existencia? ¿Cómo puedo lograr mi vida?

La moral, en ese sentido, es para Ratzinger "una enseñanza sobre lo que es la felicidad y cómo se encuentra. No se trata, obviamente, de una felicidad egoísta, sino de la felicidad verdadera". Y "la felicidad del hombre es el amor. En ese sentido, la moral del *Catecismo* es la moral sobre lo que es el amor". En los periódicos tiene lugar la pregunta de la pena de muerte, que el *Catecismo* no excluye en línea de principio en casos de extrema gravedad, pero que será objeto, sucesivamente, de un replanteamiento y de una corrección parcial para hacer más negativo el juicio sobre el recurso a la pena capital.[4]

El nuevo texto no se presenta en la forma de preguntas y respuestas típica del Concilio Vaticano II, sino que retoma la estructura narrativa más tradicional siguiendo las divisiones adoptadas por el *Catecismo* del Concilio de Trento. Después de un breve prólogo, el *Catecismo* se divide en cuatro partes. La primera ilustra el símbolo apostólico, la segunda los siete Sacramentos de la Iglesia, celebraciones del misterio de la presencia salvadora de Dios en el mundo. La tercera, centrada en los diez mandamientos, describe la vida moral como un viaje hacia la verdad y el espectro de la existencia humana, es decir, la felicidad eterna con Dios. La cuarta parte, finalmente, comenta la oración cristiana con base en las siete peticiones del Padrenuestro enseñado por Jesús a sus discípulos.

> El Catecismo, en suma, conduce ya sea a los católicos, ya sea a cualquier otro lector, a un viaje a través de los fundamentos de la vida cristiana: ¿en qué cree la Iglesia? ¿En qué modo tal Credo

[4] En marzo de 1995, Juan Pablo II publica la encíclica *Evangelium Vitae*, en la cual está contenido un progreso doctrinal importante en relación con la pena de muerte: el Papa de hecho no excluye que pueda existir una situación en la que el orden público y la seguridad del individuo no puedan defenderse de otro modo más que con la pena capital, pero sus reservas en la confrontación de la pena de muerte son todavía más fuertes y decididas de los contenidos en el *Catecismo*, publicado tres años antes. Wojtyla en la Encíclica escribe que, hoy, los casos en los que se suscite la exigencia de la pena de muerte "son muy escasos, si no es que inexistentes". Así, en la edición típica en latín del nuevo *Catecismo*, preparada después de cuatro años de experimentación y presentada el 14 de octubre de 1997, los párrafos sobre la pena de muerte están corregidos en sentido restrictivo en el sentido indicado por el texto papal.

se celebra públicamente en la devoción de la comunidad? ¿En qué modo la fe profesada en el Credo que se celebra en los sacramentos debe vivirse? ¿En qué modo el individuo puede profundizar la vida en la fe mediante la oración?[5]

La dirección del Cardenal

El hecho —explica Ratzinger en el curso de una entrevista en la vigilia de la presentación—, es que estamos viviendo un momento del todo análogo al que se tuvo cuando se dio el Concilio de Trento que, a finales del siglo xvi, señaló el alba de los tiempos modernos. Estamos al final de un milenio, en un periodo histórico completamente nuevo, caracterizado por una ideología, una ciencia, una técnica, una cultura y una civilización en total ruptura con todo lo que hemos conocido. Es por esa razón que era necesario reformular la lógica y la *summa* de la fe cristiana. El *Catecismo* es el resultado de una larga reflexión de la Iglesia universal, que ha trabajado por años para replantear, reubicar y actualizar su doctrina.[6]

El Cardenal ha tenido un papel determinante —explica el Obispo Alessandro Maggiolini— porque, con gran sabiduría, ha guiado a todos los miembros de la comisión encargada de vigilar el trabajo de redacción. Ha dejado una extrema libertad de expresión y cuando se daba cuenta de que cierta formulación puesta a votación corría el riesgo de "meter en conflicto" a la comisión, la quitaba, para no decidir según mayoría sino para buscar conseguir la unanimidad moral".[7] El nuevo manual de la fe, aunque

[5] Weigel, *Testimonios de la esperanza*, *cit.*, p. 829.
[6] Henri Tinq, "Ratzinger y el Catecismo. 'Ya no es el libro del no'", en *Le Monde-La Stampa*, 18 de noviembre de 1992.
[7] Reunión de monseñor Alessandro Maggiolini con el autor, 14 de febrero 2002.

extenso, completo y nada sintético, obtiene un éxito editorial inesperado y se transforma en un *bestseller*.

Al presentar la edición típica en latín del *Catecismo*, durante el Congreso de Catequesis Internacional que tiene lugar en Roma, entre el 14 y el 17 de octubre de 1997, Ratzinger dirá:

> Que en un mundo lleno de contrastes, en una Iglesia afectada por el choque de corrientes contradictorias, pueda preparase un testimonio de unidad así en un tiempo relativamente breve es sorprendente: yo no lo había creído posible y lo debo confesar abiertamente. Quizá es esa realidad humanamente impredecible que caracteriza tal proceso el motivo por el cual muchos no quieren creer en esa sinfonía de la multiplicidad, que está inmersa en la riqueza de las iglesias locales de todo el mundo y siguen hablando de un origen puramente romano de la obra.

En la homilía de la misa celebrada en ocasión del Congreso, el Cardenal hablará de la verdad "que sobre todo es algo que debe acogerse humildemente", "herencia preciosa que todo cristiano recibe de Cristo, a través de la Iglesia, a la luz sutil del Espíritu Santo". "Cada uno tiene el derecho de recibir esa verdad en plenitud para poderla albergar devotamente y conocer y amar así hacia la salvación.[8]

No a la comunión para los divorciados

Otro punto de controversia es el que se refiere a la posibilidad de los divorciados vueltos a casar de acceder a la comunión eucarística. Ya sea en Estados Unidos o en Alemania, se ha usado la práctica de permitirlo. Los obispos de Stoccarda, Maguncia y Friburgo, Walter Kasper, Kart Lehmann y Oskar

[8] El texto de la homilía se publicó en *L'Osservatore Romano* el 18 de octubre de 1997.

Saier, el 10 de julio de 1993, habían firmado una carta pastoral con declaraciones sobre ese punto en específico.

Los tres obispos sostenían que, cuando un divorciado vuelto a casar, en un diálogo pastoral con un sacerdote, llegara a la conclusión de que su matrimonio anterior había naufragado de manera irreparable y que su nueva unión era sincera y permanecería fuerte y estable, había derecho de conciencia para decidir, decisión respetada por el sacerdote, acercarse a la comunión.[9] Los tres obispos fueron convocados para ir al Vaticano y debían hacer una marcha parcial hacia atrás. La Congregación de Ratzinger interviene de manera directa y el 14 de octubre de 1994 publica un breve documento (que lleva la fecha de un mes antes), bajo forma de carta a los obispos de la Iglesia, en el cual debate, en siete hojas de texto, la total prohibición de que los divorciados vueltos a casar y más en general todos los que viven en *more uxorio* se acerquen a la comunión.[10] La carta prohíbe a los obispos adoptar al respecto "soluciones pastorales tolerantes y benévolas".

La decisión, escribe Ratzinger, "no ha tenido un carácter punitivo ni discriminatorio hacia los divorciados vueltos a casar" e invita a los obispos, sacerdotes y religiosos a un obrar con "solícita caridad" para fortificar "en el amor de Cristo y de la Iglesia a los fieles que se encuentran en situaciones matrimoniales irregulares". Caridad sí, subraya el Cardenal, pero en la "verdad" de la fe católica.

[9] La disciplina del matrimonio es uno de los argumentos que, según el Cardenal Carlo Maria Martini, Arzobispo de Milán, debería ser afrontado y discutido por un organismo más amplio y representativo del Sínodo, como un nuevo concilio. La petición será pasada a los cardenales en octubre de 1999 durante el Sínodo para Europa. "Martini no ofrecía soluciones —comenta la agencia *Adista*—, pero indirectamente dejaba entender que las ofrecidas por Wojtyla y la Curia Romana eran insuficientes."

[10] "Carta a los obispos de la Iglesia católica en torno a la recepción de la Comunión Eucarística de parte de los fieles divorciados y vueltos a casar", publicada en *L'Osservatore Romano* del 15 de octubre de 1994.

> El fiel que convive habitualmente *more uxorio* con una persona que no es la legítima mujer o el legítimo marido, no puede —explica el documento vaticano— acceder a la comunión eucarística. Si lo juzgaran posible, los pastores y confesores, dada la gravedad de la materia y las exigencias del bien espiritual de la persona o del bien común de la Iglesia, tienen el grave deber de advertirle que ese juicio de conciencia está en franco contraste con la doctrina de la Iglesia.

La única posibilidad de acercarse a la comunión, para un divorciado vuelto a casar, es la de aceptar "una forma de vida que no esté en contradicción con el carácter indisoluble del matrimonio". Si "no pueden asumir el peso de la separación" (puede ser el caso de ancianos o de una pareja con hijos) en su nueva unión deben esforzarse por "vivir en plena continencia", es decir, "abstenerse de los actos propios de los cónyuges". Alguien sugirió también —recuerda siempre la carta, refiriéndose al texto de los tres obispos alemanes— que "para examinar objetivamente su situación, los divorciados vueltos a casar deben tener una plática con un sacerdote prudente y experto". Pero frente a todas esas propuestas, "la Iglesia afirma no poder reconocer como válida una nueva unión, si era válido el matrimonio precedente". Ratzinger define "inadmisible" y "errada" la convicción de un divorciado separado de acceder a la comunión haciendo un examen de conciencia sobre el valor de su matrimonio precedente y del valor de la nueva unión.

LOS CONSULTORES ALEMANES

Otra controversia que ve el Cardenal Joseph Ratzinger sobre posiciones diversas de la del episcopado alemán, después del caso de la comunión para los divorciados vueltos a casar, es la que se refiere a los consultores. En 1995, entra en vigor en Alemania la ley sobre el aborto, fruto de un compromiso entre las legislaciones vigentes en las dos exrepúblicas ahora unificadas. La ley vuelve legal la interrupción del embarazo, pero en las primeras doce semanas de la concepción; la mujer debe consultar con un médico y con un centro especializado antes de la intervención. Entre esos centros especializados hay presencia católica. El problema se pone en los siguientes términos: al final de la reunión, en el caso de que la mujer siga con la intención de abortar, obtiene del consultor un documento que, en la práctica, le permite ir al hospital e interrumpir el embarazo. La mayoría de los obispos alemanes mantiene que esa consulta es indispensable porque así se puede disuadir a las mujeres de que aborten. Se subraya la responsabilidad moral de los católicos, obligados a humillar la decisión con su "libre albedrío" de cuantas no se dejaron convencer.[11]

Kart Lehmann, presidente de la Conferencia Episcopal alemana, busca mediar entre las dos posturas, proponiendo soluciones que permitan salvar la presencia católica en los centros especializados, un servicio para el cual la Iglesia recibe retribución del Estado. Ratzinger preside más reuniones en el Vaticano y el Papa le pide explícitamente a los obispos que se retiren. La negociación es larga y difícil. Fi-

[11] El Obispo Johannes Dyba, de Fulda, es el único que salió con su diócesis del sistema de consultores desde el inicio.

nalmente, en noviembre de 1999, la Conferencia Episcopal consiente a las solicitudes de la Santa Sede y en el transcurso de un año la Iglesia católica alemana sale del sistema de los consultores.

Las mujeres no están listas

En mayo de 1994, Juan Pablo II publica la carta apostólica *Ordinatio sacerdotalis*, con la cual excluye la posibilidad de ordenar como sacerdotes a personas del sexo femenino: "La Iglesia católica de ningún modo tiene la facultad de conferir a las mujeres la ordenación sacerdotal y todos los fieles deben tener en cuenta esa sentencia en modo definitivo". Habían solicitado que la Santa Sede en algún modo tuviera una nueva y autoritaria posición sobre el argumento de la decisión de la Iglesia de Inglaterra de abrir la vía del sacerdocio a las mujeres (noviembre de 1992).

Poco después de la publicación y no obstante la claridad del texto, se abrió un debate teológico relativo a la fórmula utilizada por el pontífice en la carta y en mucho se preguntaron si la afirmación tendría el carácter de infalible. Así, el 18 de noviembre de 1995, Joseph Ratzinger hace una declaración en la Congregación en la cual se especifica que la doctrina sobre el sacerdocio masculino pertenece al "depósito de la fe".

"Esa doctrina —explica el Cardenal— exige un ascenso definitivo pues está fundada en la Palabra de Dios escrita y constantemente conservada y aplicada en la tradición de la Iglesia desde el inicio y fue propuesta de manera infalible por el magisterio ordinario y sacerdotal." La ordenación de los sacerdotes, aclara una nota de acompañamiento a la declaración, no puede verse como "una violencia o una discriminación hacia las mujeres": la "Iglesia enseña, como verdad cristiana, la misma dignidad entre hombre y mujer" y "la diversidad en lo que respecta a la misión no ataca la igualdad de la dignidad personal".

Esa referencia a la "violencia" parece hecha a propósito para responder a una afirmación del Obispo de Maguncia, Kart Lehmann, quien en febrero de 1995 había declarado: "La decisión de la Iglesia católica contra el sacerdocio femenil puede considerarse como una violencia y así es como se le percibe".

¿El Cardenal legitima a los excomunistas?

En abril de 1997 sale también en Italia un primer libro-entrevista con el Cardenal Ratzinger del periodista alemán Peter Seewald, titulado *Il sale de la terra* (San Paolo Edizioni). En respuesta a una pregunta de Seewald, Ratzinger constata la falla de la unidad política de los católicos en Italia después de la caída de la Democracia Cristiana y observa como un nuevo objetivo el hecho de que "los cristianos estén presentes tangencialmente en todos los partidos, trabajando de acuerdo con las preguntas éticas", según las respectivas aclaraciones políticas de pertenencia.

En sustancia, el Cardenal sostiene que en moral sexual, aborto, indisolubilidad del matrimonio, bioética, escuela católica y contracepción, los obispos esperan que los cristianos presenten varias aclaraciones para dar vida a un "consenso político nuevo de fondo, al de la división entre partidos". A la pregunta de si se lograría ese consenso, Ratzinger responde: "Si se logra, repito, encontraré muy bello que en las cuestiones éticas, en las diferencias, pueda surgir una unidad de fondo" entre los católicos informados en materia de política. "¿También con los comunistas?", pregunta Seewald. "En cada caso un consenso similar —observa el Cardenal— podría ejercerse también en los partidos comunistas. La tendencia comunista sigue ligada obviamente a los principios marxistas." En los periódicos italianos, el razonamiento del prefecto se considera una "humillación" de Máximo D'Alema de parte del Vaticano:[12] se piensa que éste es el modo para aplaudir la gestión del expartido comunista italiano. En realidad, el Cardenal de Baviera no ha nombrado a D'Alema, no tenía ninguna intención de entrar en el mérito de las cuestiones políticas italianas, ni de robarle la escena a la CEI.[13] Unos días después, entrevistado por el vaticanista de *Repubblica*, Marco Polito, aclarará: "Había expresado la esperanza de que todo el partido pudiera hacerse portador de los valores cristianos. Pero el mío era un auspicio, no un diagnóstico."

Su respuesta sobre la posibilidad de incidencia "transversal" de los católicos después del final del partido único democristiano se remite a una vieja idea que había tenido posibilidades de explicitar otras veces. Por ejemplo, en respuesta a las preguntas de los periodistas al margen de su conferencia en la Reunión de Rimini de 1990, el Cardenal dijo:

---

[12] Orazio la Rocca, "Ratzinger 'humilla' al partido comunista", en *Repubblica*, 2 de abril 1997.

[13] Comenta el Obispo de Como, Alessandro Maggiolini: "Aquellas en las que se basaron los periódicos son divagaciones sobre un tema que no existe. Ratzinger dijo: 'Quiera el cielo que el PDS revise sus posiciones morales. Pero por ahora el cambio total es algo hipotético. Hasta el congreso del PDS permanecieron con mayoría de voto en cuanto a la manipulación del embrión, el matrimonio entre homosexuales y la liberación de las drogas ligeras, el resto es pura fantasía. Porque sigue siendo muy distinta la concepción del hombre'". La declaración fue reportada en *Il Giornale*, en el artículo firmado por Giorgio Grandola, "Ratzinger no bendice D'Alema", 3 de abril de 1997.

> La Iglesia no debe identificarse nunca con un partido determinado sino que debe ser abierta a diversas opciones políticas y mostrarse en defensa de la conciencia moral. Naturalmente, un partido cristiano tiene una responsabilidad particular y se interesa en la contribución de ese partido a la formación de un consenso humano y cristiano en la sociedad. Por ejemplo, debería ser tarea de los políticos cristianos crear un consenso sobre la vida para que la sociedad no se vuelva pagana.

En el curso de una entrevista en ocasión del lanzamiento del ensayo *Vuelta por Europa*, Ratzinger regresa de nuevo al tema:

> No puede haber una coincidencia absoluta entre Iglesia y partido, porque ésta está al servicio de todos, es más abierta. Así, el mejor instrumento es ciertamente el pluralismo, aunque se sienta cierta unidad no se pueden realizar los fundamentos éticos comunes de la política: la fuerza más adecuada de la unidad necesaria para esa tarea sustancial se busca y puede ser diferente a la historia y a las circunstancias políticas de cada país.[14]

El elogio del compromiso

El Cardenal había dedicado uno de sus libros (*Chiesa ecumenismo e politica. Nuovi saggi di eclesiologia,* San Paolo Edizioni , 1987) a la relación entre teología y democracia moderna. Un libro a las antípodas de casi cualquier fundamentalismo. Ratzinger afirma que la democracia moderna necesita verdaderos fundamentos, que no tiene en sí y que el cristianismo le puede ofrecer. Pero Jesús rechazó que

---

[14] María Cecilia Sangiorgi, "Ratzinger: ¿Los católicos unidos en la política? El pluralismo es mejor", en *Il Giornale*, 10 de febrero de 1992.

el Reino de Dios tuviera un modelo único. Entre la ciudad de los hombres y la ciudad de Dios el equilibrio está en tensión constante.

> La idea moderna de libertad —escribía Ratzinger en ese ensayo— es un legítimo producto del espacio vital cristiano, no podía presentarse en ningún otro ámbito más que en ése. Así se requiere añadir: de este modo no puede implantarse en cualquier sistema, como se puede constatar hoy con clara evidencia en el renacimiento del Islam. La tentativa de analizar los llamados criterios occidentales, vistos en su fundamento cristiano, en las sociedades islámicas, desconoce la lógica interna del Islam como la lógica histórica a la cual pertenecen los criterios occidentales. Una tentativa así estaba destinada a fallar de esa manera. La construcción social del Islam es teocrática, por lo tanto, monística, no dualística. La dualidad que es la condición previa de la libertad presupone a su vez la lógica cristiana. Desde el punto de vista práctico, significa: sólo donde se mantiene la dualidad de Iglesia y Estado, de instancia sacra y política, se encuentra la condición fundamental para la libertad. Donde la Iglesia se vuelve Estado ella misma, la libertad se pierde. Pero también ahí donde la Iglesia se sorprende como instancia pública y públicamente relevante, cae la libertad, porque el Estado reclama de nuevo para sí la fundación de la ética. En el mundo profano, postcristiano, el Estado avanza esa instancia no en la forma de autoridad sacra, sino como autoridad ideológica.

Ratzinger, interviniendo en una reunión organizada por Giulio Andreotti y la revista *Trentagiorni*, hará un verdadero y justo elogio del compromiso en política:

> La verdad es que la moral política consiste precisamente en la resistencia a la seducción de las grandes palabras con las cuales

se hace un juego de la humanidad del hombre y de sus posibilidades. No es moral el moralismo de la aventura, que pretende realizar por sí sola las cosas de Dios. Lo es en cambio la lealtad, que es la medida del hombre y cumple, en esa medida, la obra del hombre. No saber que hay un compromiso, sino el compromiso en sí, es la verdadera moral de la política.

IX

El secreto de Fátima

Justo como habían hecho sus dos predecesores inmediatos en la cabeza del Santo Oficio, luego transformado en Congregación para la Doctrina de la Fe, los cardenales Alfredo Ottaviani y Franjo Seper, poco después de su llegada al Vaticano, y también Joseph Ratzinger, tienen oportunidad de leer el misterioso texto del tercer secreto de Fátima, el manuscrito enviado por sor Lucía dos Santos a la Santa Sede. Sobre el contenido del secreto, cuya publicación se realizó en 1960, ya se habían hecho todas las hipótesis posibles. En sustancia, las previsiones sobre el mensaje eran sintetizables de la siguiente manera: una visión catastrófica sobre el futuro de la humanidad, o tal vez una visión sobre la ruina de la Iglesia, que algunos relacionaban con la turbulenta fase postconciliar.

Las dos versiones

En el muchas veces citado *Rapporto sulla fede*, el libro-entrevista con el escritor Vittorio Messori, están contenidas algunas frases con relación al tercer secreto.

Como ya habíamos mencionado, el libro, publicado en junio de 1985, estuvo precedido por un amplia anticipación sobre la publicación mensual de los paulinos *Jesus*, de noviembre del año anterior. A Messori, colaborador de la revista, le pidieron entregar rápidamente una primera versión de la reunión con los pasajes más importantes. La premisa es necesaria porque entre las palabras de Ratzinger publicadas sobre Jesús a finales de 1984 y las impresas en el libro del mes de junio siguiente existe una discordancia.

En la primera versión, a la pregunta del periodista sobre por qué el secreto no había sido publicado todavía, el Cardenal de Baviera respondió:

> Porque, según el juicio del Papa, no añade nada a lo que un cristiano debe saber de la revelación: una llamada radical a la conversión, *la gravedad absoluta de la historia, los peligros que amenazan la fe y la vida del cristiano y en consecuencia al mundo* (la cursiva es nuestra, *N.del A.*). Si no se publica, al menos por el momento, es para evitar que se confunda la profecía religiosa con el sensacionalismo. Sin embargo, las cosas contenidas en ese secreto corresponden a lo que anuncian las Escrituras y se confirman en muchas otras apariciones marianas...

En la versión definitiva, por así decirlo, publicada en *Rapporto sulla fede*, a la pregunta de si en el manuscrito de Lucía se encuentra algo terrible, Ratzinger responde:

> Aunque así fuera, eso no haría otra cosa que confirmar la parte ya dicha del mensaje de Fátima. De ese lugar se lanzó una señal severa, contra el facilismo imperante, un reclamo a la severidad de la vida y de la historia, a los peligros que caen sobre la humanidad...[1]

---

[1] Messori (ed.), *Rapporto sulla fede..., cit.*, pp. 110 - 111.

Durante varios años, algunas revistas ligadas al mundo tradicionalista[2] han citado en artículos y documentos esta discordancia, haciendo hipótesis en la segunda versión sobre un "reblandecimiento" querido por el mismo Cardenal, preocupado por haber sido un poco catastrófico en la primera.

En realidad, Ratzinger no intervino de ningún modo para modificar el primer texto. Lo confirma el mismo Vittorio Messori[3].

En los años sucesivos, el Prefecto de la Fe en más ocasiones hará referencia a la famosa profecía. En octubre de 1996, mientras se encuentra en Fátima para la celebración en recuerdo de la última aparición de la Virgen, Ratzinger concede una entrevista a la emisora portuguesa "Radio Renascenca" y explica nuevamente que la Iglesia no divulga el secreto "por oponerse al sensacionalismo, a esa expectativa de las cosas que no se han escuchado" y "para reducir a lo esencial la devoción mariana", porque:

> La Virgen no se apareció ante niños pequeños, personas simples, desconocidas en el gran mundo para hacer sensacionalismo, sino para reclamar, a través de los simples, el mundo de la simplicidad, lo esencial: la conversión, la oración, los sacramentos. A todos los curiosos —explica el Cardenal— les diré que estoy seguro de que la Virgen no hace sensacionalismo, la Virgen no crea

---

[2] Por ejemplo, el largo ensayo con notas titulado *El Vaticano amordaza a la Virgen*, escrito por don Ugo Carandino, publicado en *La Tradizione Cattolica*, boletín oficial de la Fraternidad San Pío X en Italia, núm. 33 (1997), p. 21.

[3] "Me vi obligado a hacer en poco tiempo una amplia anticipación del libro que se iba a publicar sobre Jesús. Y se publicó esa versión. Por la estructura del libro, en cambio, había que controlar atentamente no sólo los apuntes sino también las cintas de grabación. La llamada 'versión de noviembre' es sólo un primer esbozo. El Cardenal no interviene para nada, mientras lo hace sobre otro punto del manuscrito dedicado a las apariciones marianas, donde se citaba el caso de La Salette: mi pregunta, si es posible hacerla porque, siendo una aparición reconocida, había problemas abiertos sobre el texto del secreto de Melania. Puedo asegurar que las cosas ocurrieron justo así." (Reunión de Vittorio Messori con el autor, 5 de febrero de 2002.)

miedo, la Virgen no da visiones apocalípticas, sino que guía hacia el Hijo. Ésa es la esencia del secreto.

Un anuncio sorpresa

El 12 y 13 de mayo de 2000, Juan Pablo II tiene programado un viaje a Fátima para celebrar la beatificación de Francesco y Jacinta Marto, los dos pastores videntes que murieron poco después de las apariciones de 1917. Es la primera vez que la Iglesia católica eleva al honor de los altares a dos niños tan pequeños que no son mártires. Nadie imagina que en aquella ocasión Wojtyla tenía intenciones de revelar el tercer secreto. Corren algunos rumores en este sentido en Portugal, pero sin que se dé crédito; otro que habla de la posibilidad es el Obispo de Leiria-Fátima, monseñor Serafim de Sousa Ferreira e Silva. La primera señal verdaderamente convincente llega el 11 de mayo de 2000, cuando Joseph Ratzinger, al margen de una reunión sobre el Jubileo, responde de modo un poco rudo a una pregunta precisa de un periodista: "Este Papa es imprevisible, nos ha acostumbrado a las sorpresas. Podría revelar el tercer secreto, aunque su intención al viajar a Fátima es la beatificación de Francesco y Jacinta Marto".[4]

Así, el 13 de mayo, cuando faltan pocos minutos para el mediodía, el Cardenal Angelo Sodano, Secretario de Estado, se acerca al micrófono frente al altar preparado fuera de la basílica de Nuestra Señora del Rosario. Los seiscientos mil peregrinos que llenan la enorme explanada del santuario guardan silencio.

[4] Andrea Tornielli, "Ratzinger: el Papa podría revelar el tercer secreto", en *Il Giornale*, 12 de mayo de 2000.

Nadie imagina qué dirá el "primer ministro" del Papa. Karol Wojtyla está hundido en su asiento, absorto. Junto a él, algunos pasos a la derecha, sor Lucia dos Santos, la única sobreviviente de los tres videntes, está atónita, con los ojos bien abiertos, agrandados por los gruesos lentes que ha usado en toda la ceremonia.

> En la solemne circunstancia de su venida a Fátima, el Sumo Pontífice —explica Sodano— me ha encargado darles un anuncio. Como se sabe, el objetivo de su venida a Fátima es la beatificación de los dos *pastorinhos*.
>
> Sin embargo, también quiere atribuir a su peregrinaje el valor de un gesto de gratitud renovado hacia la Virgen por la protección que le ha dado durante estos años de pontificado. Es una protección que parece tocar también la llamada "tercera parte" del secreto de Fátima. Ese texto constituye una visión profética semejante a la de las Sagradas Escrituras, que no describen en sentido fotográfico.
>
> En consecuencia, la llave de lectura del texto no puede ser sino simbólica. La visión de Fátima —continúa el Cardenal— tiene que ver sobre todo con la lucha de los sistemas ateos en contra de la Iglesia y los cristianos, y describe el sufrimiento de los testimonios de la fe del último siglo del segundo milenio. Es un Vía Crucis interminable guiado por los Papas del siglo XX. Según la interpretación de los *pastorinhos*, interpretación confirmada recientemente por sor Lucia, el "Obispo vestido de blanco" que ora por todos los fieles es el Papa. Él también, caminando de manera fatigosa hacia la Cruz entre los cadáveres de los martirizados (obispos, sacerdotes, religiosos y numerosos laicos) cae en tierra como muerto, bajo el golpe de un arma de fuego.

En consecuencia, la visión secreta habla de un Papa golpeado. El 26 de junio siguiente, cuando la Congregación para la

Doctrina de la Fe publica el texto exacto escrito por Lucia en 1944 y relativo a la visión de 1917, se descubrirá que el "Obispo vestido de blanco" del manuscrito cae muerto y no "como muerto". En todo caso, es evidente, según Sodano, que el Papa del secreto es Juan Pablo II y el episodio de la visión es el atentado de la Plaza de San Pedro el 13 de mayo de 1981, cuando el pontífice fue gravemente herido y casi muere por el disparo de la Browning de Mehmet Ali Agca.

EL TEXTO DEL SECRETO

La mañana del lunes 26 de julio, la sala de prensa vaticana se ve completamente llena. Desde las 9:30 horas se les entrega a los periodistas el texto del volumen publicado por el ex Santo Oficio, el cual reconstruye —con algunos puntos no del todo claros—[5] la historia del legajo que contiene el tercer secreto; refiere la declaración del Cardenal Sodano, reproduce en fotocopia el manuscrito de Lucia y ofrece un comentario teológico articulado con la firma del Cardenal Ratzinger.

He aquí el texto de la profecía:

[5] Del texto de la reconstrucción, con la firma de monseñor Tarcisio Bertone, Secretario del Santo Oficio, parece que Juan XXIII no abrió el sobre con el secreto. Y en particular parece que se la devolvió al archivo de la Congregación. En realidad, el secretario particular del "Papa bueno", monseñor Loris Capovilla, ha atestiguado más de una vez que Juan XXIII tuvo en el escritorio del estudio de su departamento el texto de la profecía. Y añadió que Paulo VI, un tiempo después de la elección, quería leerlo pero no lo encontraba: Capovilla fue llamado y le mostró al Papa dónde se encontraba el sobre, en un "cajón" del escritorio. En la reconstrucción, otro punto que da que pensar concierne al momento en que Juan Pablo II se dio cuenta del secreto. Bertone escribe que le fue entregado mientras estaba en el hospital el 18 de julio de 1981 (cuando estaba internado a causa de la infección que había contraído con las transfusiones posteriores al atentado). Pero inmediatamente después afirma: "Como saben, el Papa Juan Pablo II pensó inmediatamente en la consagración del mundo en el Corazón Inmaculado de María y compuso él mismo una oración para lo que definió como 'acto de confianza' que había de celebrarse en la Basílica di Santa Maria Maggiore el 7 de junio de 1981".

J. M. J.

La tercera parte del secreto revelado el 13 de julio de 1917 en la Cova de Iria-Fátima.

Escribo en acto de obediencia a Ti Dios mío, que me lo ordenas por medio de su Excelencia Reverendísima el señor Obispo de Leiria y de Tu Santísima Madre.

Luego de las dos partes que ya expuse, vimos al lado izquierdo de Nuestra Señora un poco más arriba un Ángel con una espada de fuego en la mano izquierda; mientras titilaba, emitía llamas que parecían como si incendiaran el mundo; pero se apagaban al contacto con el esplendor que Nuestra Señora emanaba de su mano derecha dirigida a él: el Ángel indicando la Tierra con la mano derecha, con voz fuerte dijo: *¡Penitencia, penitencia, penitencia!* Y vimos una luz inmensa que es Dios: "Algo parecido a como se ven las personas en un espejo cuando pasan frente a él", un Obispo vestido de blanco "tuvimos el presentimiento de que era el Santo Padre". Muchos otros obispos, sacerdotes, religiosos y religiosas subían una montaña empinada, en cuya cima había una gran cruz de troncos como si fuese un árbol de hule con la corteza. El Santo Padre, antes de llegar, atravesó una gran ciudad casi en ruinas y medio trémulo, con paso vacilante, atribulado de dolor y de pena, rezaba por las almas de los cadáveres que encontraba a su paso; cuando llegó a la cima del monte, postrado a los pies de la gran cruz, fue asesinado por un grupo de soldados que le dispararon muchas veces con armas de fuego y flechas, y de igual modo murieron uno después de otros los obispos, sacerdotes, religiosos y religiosas y varias personas seculares, hombres y mujeres de varias clases y posiciones. Bajo los dos brazos de la cruz, había dos Ángeles, cada uno con una regadera de cristal en la mano, en la cual recogían la sangre de los mártires y con ella irrigaban las almas que se acercaban a Dios.

Tuy-3-1-1944.

Quien lee con atención el texto del llamado tercer secreto —escribe el Cardenal Joseph Ratzinger en el comentario a la profecía— probablemente se desilusionará o sorprenderá después de todas las especulaciones que se hicieron. No se revela ningún gran misterio; el velo del futuro no se abre. Vemos la Iglesia de los mártires del siglo ahora pasado representada mediante la escena descrita con un lenguaje simbólico de difícil desciframiento.[6] La palabra clave de la tercera parte del secreto —continúa Ratzinger— es el triple grito: "¡Penitencia, penitencia, penitencia!"... Comprender los signos del tiempo significa comprender la urgencia de la penitencia —de la conversión— de la fe. Ésta es la respuesta justa al momento histórico, que se caracteriza por grandes peligros, que se delinearán en las imágenes siguientes. Examinemos ahora un poco más de cerca cada una de las imágenes. El ángel con la espada de fuego a la izquierda de la Madre de Dios recuerda imágenes análogas del Apocalipsis. Representa la amenaza del juicio que se cierne sobre el mundo. La perspectiva de que el mundo podría incinerarse en un mar de llamas, hoy no aparece ya como pura fantasía: el hombre mismo ha preparado con sus invenciones la espada de fuego.

La visión muestra luego —sigue diciendo Ratzinger— la fuerza que se contrapone al poder de la destrucción: el esplendor de la Madre de Dios y, proveniente en cierto modo de éste, el llamado a la penitencia. De tal modo se subraya la importancia de la libertad del hombre: el futuro no está determinado en absoluto de manera inmutable, y la imagen que los niños vieron no es para nada una película visionaria del futuro, del cual ya nada podría cambiar. Toda la visión ocurre en realidad sólo para llamar al escenario a la libertad y para dirigirla hacia un sentido positivo. El sentido de la visión no es pues el de mostrar una

[6] Congregazione per la Dottrina della Fede, *Il Messaggio di Fatima. Commento teologico del cardinale Joseph Ratzinger,* Libreria Editrice Vaticana, 2000, p. 32.

película sobre el futuro irremediablemente inamovible. Su sentido es exactamente el contrario, el de movilizar las fuerzas del cambio hacia el bien.

Por último, quisiera tomar —concluye el Cardenal, que durante el largo comentario se detuvo para examinar la cuestión del atentado al Papa del 13 de mayo de 1981— otra palabra clave del secreto que se volvió justamente famosa: "Mi corazón inmaculado triunfará". ¿Qué significa? El corazón abierto a Dios, purificado por la contemplación de Dios, es más fuerte que los fusiles y que las armas de cualquier especie. El *fiat* de María, la palabra de su corazón, ha cambiado la historia del mundo, porque ella introdujo a este mundo al Salvador: porque gracias a este "sí", Dios podía convertirse en un hombre en nuestro espacio y como tal sigue siendo ahora para siempre.

¿Visiones de qué tipo?

Un largo párrafo del comentario teológico de Ratzinger al secreto está dedicado al "tipo" de visión de los tres pastorcillos de Fátima:

> La antropología teológica —explica el purpurado bávaro— distingue en este ámbito tres formas de percepción o "visión": la visión con los sentidos, o sea la percepción externa corpórea, la percepción interior y la visión espiritual (*visio sensibilis - imaginativa - intellectualis*). Es claro —agrega— que en las visiones de Lourdes, Fátima, etcétera, no se trata de la normal percepción externa de los sentidos: las imágenes y las figuras, que se ven, no se encuentran exteriormente en el espacio, como se encuentran por ejemplo un árbol o una casa. Esto es totalmente evidente, por ejemplo, en lo que concierne a la visión del infierno (descrita en la primera parte del secreto de Fátima) o también a

la visión descrita en la tercera parte del secreto, pero se puede demostrar muy fácilmente también para las demás visiones, sobre todo porque no todos los presentes las veían, sino en efecto sólo los "videntes". De igual modo es evidente que no se trata de una "visión" intelectual sin imágenes, como se encuentra en los otros grados de la mística. Se trata pues de la categoría de en medio, la percepción interior, que claro está tiene para el vidente la fuerza de una presencia, que para él equivale a la manifestación externa, sensible.

Ver interiormente —continúa Ratzinger— no significa que se trata de fantasía, que sería sólo una expresión de la imaginación subjetiva. Significa más bien que el alma es rozada por el toque de algo real aunque supersensible y adquiere la facultad de ver lo no sensible, lo no visible a los sentidos, una visión con los "sentidos interiores". Se trata de verdaderos "objetos" que tocan el alma, si bien éstos no pertenezcan a nuestro habitual mundo sensible.

El Cardenal explica además que en este tipo de visiones interiores:

El vidente está involucrado de manera aún más fuerte. Ve con sus posibilidades concretas, con las modalidades accesibles a él de representación y de conocimiento. En la visión interior se trata de manera todavía más amplia que en la exterior de un proceso de traducción, de modo que el sujeto es esencialmente copartícipe de la formación, como imagen, de lo que aparece. La imagen puede llegar sólo según sus medidas y sus posibilidades. Por lo tanto, tales visiones nunca son simples "fotografías" del más allá, sino que llevan consigo también las posibilidades y los límites del sujeto que percibe.

El Ecco de la visión

Las prudentes y meditadas palabras del prefecto son apreciadas (pero también interpretadas mucho más allá de la intención de éstas) por Umberto Ecco, quien dedica un número de su sección "La bustina di Minerva" en el semanal *L'Espresso*[7] a este tema.

Umberto Ecco observa que, después de leer varias veces el documento de sor Lucia, había advertido un "aire de familia".

> Luego entendí: aquel texto, que la buena hermana escribe no como la pequeña analfabeta, sino en 1944 cuando era ya una monja adulta, está mezclado con citas muy reconocibles del Apocalipsis de San Juan. Así pues, Lucia ve a un ángel con una espada de fuego que parece querer incendiar el mundo. El Apocalipsis de ángeles que esparcen fuego en el mundo habla por ejemplo en 8:8, a propósito del ángel de la segunda tromba. Luego Lucia —prosigue Ecco— ve la luz divina como en un espejo: aquí la sugerencia no proviene del Apocalipsis, sino de la primera epístola de San Pablo a los Corintios (las cosas celestiales las vemos ahora *per speculum*, y sólo después las veremos cara a cara). Después de lo cual, un Obispo vestido de blanco; es uno solo, mientras que en el Apocalipsis, siervos del Señor vestidos de blanco, en el martirio, aparecen en varios pasajes (en 6:11; en 7:9 y en 7:14). Es decir, se ven obispos y sacerdotes subir una montaña empinada, y llegamos a Apocalipsis 6:15, donde están los poderosos de la Tierra que se esconden entre las cavernas y los macizos de un monte. Después, el Santo Padre llega a una ciudad "medio en ruinas", y encuentra a su paso a las almas de los

[7] El artículo, intitulado "Terzo mistero di Fatima: ogni veggente vede quello che sa. Angeli con spade di fuoco. Trombe e lame scarlatte. Ecco l'Apocalisse. Cosí scrive l'onesto Ratzinger", se publicó en *L'Espresso* del 20 de julio de 2000, p. 218.

cadáveres: la ciudad se menciona en 11:8, incluidos los cadáveres, mientras que se desploma y queda en ruinas en 11:13 y luego, bajo forma de Babilonia, en 18:19.

Sigue escribiendo Umberto Ecco:

Prosigamos: el Obispo y muchos otros fieles son asesinados por soldados con flechas y armas de fuego y, si en lo referente a las armas de fuego sor Lucia innova, masacres con armas puntiagudas las realizan langostas con coraza de guerrero en 9:7, al sonar la quinta tromba. Llegamos finalmente a los dos ángeles que vierten sangre con una regadera (en portugués un *regador*) de cristal. Ahora bien, en el Apocalipsis abundan ángeles que esparcen sangre, pero en 8:5 lo hacen con un turíbulo; en 14:20 la sangre se derrama de una cuba; en 16:3 se vierte de un cáliz.

¿Por qué una regadera? —se pregunta Ecco—. Pensé que Fátima no está muy alejada de esa Asturias donde en la Edad Media nacieron las espléndidas miniaturas mozárabes del Apocalipsis, tantas veces reproducidas. Y en ellas aparecen ángeles que dejan caer sangre a chorros de copas de hechura imprecisa, justo como si regaran el mundo. También intervino en la memoria de Lucia la tradición iconográfica, lo sugiere ese ángel con la espada de fuego del inicio, porque en esas miniaturas a veces las trombas que empuñan los ángeles aparecen como hojas escarlata. Si no nos limitábamos a los resúmenes de los periódicos y se leía todo el comentario teológico del Cardenal Ratzinger, la cosa interesante es que este honesto hombre, mientras se dispone a recordar que una visión privada no es materia de fe, y que una alegoría no es un vaticinio que hay que tomar al pie de la letra, recuerda explícitamente las analogías con el Apocalipsis. Más aún, precisa que en una visión el sujeto ve las cosas "con las modalidades a éste accesibles de representación y conocimiento", por lo que "la imagen puede llegar sólo según sus medidas y posibilidades". Lo cual, dicho un poco más laicamente (pero Ratzinger intitula el párrafo en la "estructura antropológica" de la revelación), significa que si no existen arquetipos jungianos, cada vidente ve lo que su cultura le ha enseñado.

Las observaciones de Hnilica

El 13 de septiembre de 2000, cuando el gran debate sobre la visión de Fátima concluyó y el tema siguió estando "caliente" sólo para aquellos grupos "fatimistas" convencidos de que el Vaticano no dio a conocer todo el texto, puesto que el manuscrito no contenía lo que ellos esperaban, un anciano Obispo, jesuita eslovaco, deposita una carta dirigida a Ratzinger. Es monseñor Pavel Hnilica, consagrado clandestinamente en los años de la persecución contra los cristianos, quien ahora dirige en Roma una asociación de fieles de derecho pontificio llamada "Pro Deo et fratribus". Hnilica es un gran devoto de la Virgen de Fátima. En la carta, el prelado expresa ciertas objeciones a la "catalogación" de la visión que ofrece el purpurado en el comentario teológico:

> Pese a que le he dado vueltas al asunto durante todo el verano, me parece que no existe prueba de la pertenencia de todas las apariciones y visiones de la Virgen a la que usted llama delicadamente "la categoría de en medio" o "percepción interior" (si no existen pruebas, es claro que no se puede decir "es claro"). Por ello me ha sorprendido un poco que se recordara aquí, sin necesidad, el caso de Lourdes y, además, que se pusiera junto "a todas las grandes visiones de los santos".
>
> La otra cosa que me sorprendió un poco —explica Hnilica en la carta— es que, como en cambio es costumbre de los teólogos, no se haya hecho ninguna distinción, no digo en general en todas

> las visiones y apariciones, sino por ejemplo dentro de las de Fátima, entre las apariciones de la Virgen misma y las otras que allí se describen, como la del "infierno", la de la "ciudad medio en ruinas"... Su Excelencia sabe mejor que yo cómo ciertos teólogos liberales-racionalistas nunca han amado el Dogma de la Asunción de María, y buscan siempre la manera de reducirlo; pero me pregunto si debemos rechazar tan rápidamente, sin pruebas y *a priori*, la posibilidad de la presencia corporal, en sus apariciones, de la Virgen María elevada con su cuerpo. ¿Por qué la Virgen María elevada con su cuerpo no podría aparecer con su cuerpo?... Yo no creo que deberíamos dejarnos atemorizar demasiado por los teólogos liberales-racionalistas, y dejar entender que el verdadero cuerpo de la Virgen María nunca puede aparecer, ni ser visto por nadie con "percepción exterior corpórea". Honestamente, analizándolo cuanto se quiera, me parece que no existe prueba de que no se pueda ver —y no lo hayan visto— con visión exterior corpórea el cuerpo de Cristo resucitado. Por lo que este punto de la aparición corpórea de la Virgen María a Fátima y más allá, me parece que debería seguir abierto a la intuición de fe de los simples fieles y además de la discusión y a la investigación libre de los teólogos y de los místicos (con el máximo y completo respeto por las opiniones diferentes).

En la carta, por último, el Obispo critica la impresión de que se quiso cerrar en el siglo apenas concluido "el efecto y el valor de la profecía de Fátima".

La respuesta del Cardenal

El 4 de octubre de 2000, Ratzinger responde a las objeciones de Hnilica.

Leí con mucho interés su carta... Sus reflexiones muy meditadas me ofrecen la oportunidad de explicitar mejor mi pensamiento respecto al fenómeno de las apariciones, y por esto le agradezco... En cuanto a su pregunta —precisa el prefecto— quisiera aclarar que no excluyo una aparición de la Virgen elevada con su cuerpo glorioso. Como usted hace presente, se deberían distinguir dentro de las diversas apariciones las diversas formas de presencia. La que yo he llamado "categoría de en medio", la "percepción interior", nada tiene que ver con el subjetivismo. La presencia es objetiva y real, sólo que su colocación no está en el mundo material... Además, en mi "comentario" no pretendía atribuir exclusivamente al pasado los contenidos del secreto, de manera simplista. Las grandes visiones tienen siempre una doble dimensión: un significado inmediato y cercano, y un valor permanente. El ejemplo clásico es el discurso escatológico del Señor; preanuncia como inminente la catástrofe de Jerusalén, pero deja vislumbrar en este acontecimiento del presente el fin del mundo, y se vuelve así admonición a la observancia para todas las generaciones. De manera análoga, descubrimos en el "secreto" de Fátima el martirologio del siglo pasado, en el cual se refleja no obstante la persecución hasta el fin del mundo.

X

Del *mea culpa* al *Dominus Iesus*

Uno de los gestos más significativos pero también controvertidos y discutidos del Gran Jubileo del año 2000, fue sin duda la solicitud de perdón ante los errores cometidos por los cristianos a lo largo de los siglos, que el Papa presidió en San Pedro, el domingo 12 de marzo. El día 7 de marzo, el Vaticano debía dar a conocer un documento titulado *Memoria e riconciliazione. La Chiesa e gli errori del passato*, fruto del trabajo de la Comisión Teológica Internacional presidida por el Cardenal Ratzinger. Un texto en el que trabajó también el teólogo italiano Bruno Forte, que constituye la base para el gesto del *mea culpa* papal. El texto es publicado por sorpresa anticipadamente en Francia, por el editor Cerf, el 1 de marzo.[1] El documento, largo y articulado, enfrenta las objeciones según las cuales en algunos contextos históricos y culturales "la simple admisión de culpas cometidas por los hijos de la Iglesia puede asumir el significado de ceder frente a las acusaciones de quien es prejuiciosamente

[1] Algo semejante había ocurrido ocho años atrás con el nuevo *Catechismo*, publicado antes en Francia que en Italia.

hostil a ella". Como es obvio, se precisa que "el pecado es siempre personal" y que "la imputabilidad de una culpa no puede ser ampliada propiamente más allá del grupo de personas que voluntariamente lo han permitido, mediante acciones u omisiones, o por negligencia".[2]

> La dificultad que se perfila es la de definir las culpas pasadas, a causa ante todo del juicio histórico que eso exige, porque en lo que ha ocurrido se distingue siempre la responsabilidad o la culpa atribuible a los miembros de la Iglesia en cuanto creyentes, de la culpa referible a la sociedad de los siglos llamados "de cristiandad" o a las estructuras de poder en las cuales lo temporal y lo espiritual estaban entonces estrechamente mezclados. Una hermenéutica histórica es pues muy necesaria para hacer una adecuada distinción entre la acción de la Iglesia como comunidad de fe y la de la sociedad en los tiempos de ósmosis. La identificación de las culpas del pasado de las que hay que hacer enmiendas implica ante todo un correcto juicio histórico, que constituye la base también de la evaluación teológica. Debemos preguntarnos: ¿qué ocurrió precisamente? ¿Qué fue dicho y hecho propiamente? Sólo cuando se haya dado una respuesta adecuada a estas preguntas, fruto de un riguroso juicio histórico, nos

[2] En el consistorio de abril de 1994, durante la discusión a puerta cerrada, el Cardenal Giacomo Biffi, Arzobispo de Bolonia, advirtió sobre el riesgo que, según él, el *mea culpa* implicaba. Biffi volvió públicamente al tema en la carta pastoral *Christus hodie* (EDB, 1996) y en el libro *La sposa chiacchierata* (Jaca Book, 1999). También el Obispo de Como, Alessandro Maggiolini, quiso precisar los términos de esta solicitud de perdón, con un libro titulado *Perché la Chiesa chiede perdono* (Edizioni Piemme, 2000). En una entrevista con el periodista Michele Brambilla, publicada en el *Corriere della Sera* el 8 de marzo de 2000, Maggiolini explicará que la iniciativa no tiene precedentes "porque los cristianos siempre han pedido perdón por sus pecados, no por los de los demás". También el escritor Vittorio Messori hará críticas al gesto del Papa y sobre todo al modo en que fue interpretado, desde las columnas del *Corriere della Sera,* "Domande al Papa penitente", publicado en la primera página el 12 de marzo de 2000. Una precisión sobre la necesidad de un "atento examen de los hechos" históricos antes de cualquier deploración aparece también en el libro *Memoria e pentimento* (San Paolo Edizioni, 2000), del dominico Georges Cottier, teólogo de la Casa pontificia.

> podremos preguntar también si lo que ocurrió, lo que se dijo o realizó puede interpretarse como conforme o no al Evangelio, y, en el caso de que no lo fuese, si los hijos de la Iglesia que actuaron así podrían haberse dado cuenta a partir del contexto en que operaban. Sólo cuando se llega a la certeza moral de que cuanto se ha hecho en contra del Evangelio por algunos hijos de la Iglesia y en su nombre podría haber sido entendido como tal y evitado, puede tener significado para la Iglesia de hoy hacer enmienda de culpas del pasado.

Los teólogos y los historiadores que trabajaron bajo la dirección de Ratzinger proporcionan el cuadro para la iniciativa papal pero ponen también —como se desprende bien de los pasajes citados— señales interpretativas, sugiriéndole al Papa que no se adentre en casos específicos que podrían resultar históricamente controvertidos, aun poniendo ejemplos generales, como las divisiones de los cristianos, el recurso a la violencia para el servicio a la verdad, el trato reservado a los judíos a lo largo de los siglos, la responsabilidad de los cristianos en los males de la sociedad de hoy.

UNA INTERVENCIÓN "IMPROVISADA"

Durante la conferencia de prensa de presentación del documento vaticano, que se realiza en Roma la mañana del 7 de marzo de 2000, el Cardenal Joseph Ratzinger pronuncia una intervención hablando improvisadamente.

> La Iglesia del Señor —dice el purpurado— que vino a buscar los pecados y comió en la mesa de los pecadores deliberadamente, no puede ser una Iglesia fuera de la realidad del pecado, sino es la Iglesia en la que hay cizaña y grano, hay peces de todo tipo. Para resumir esta primera figura, yo diría que tres cosas son importan-

tes: el *yo confiesa*, pero en *comunión con los demás*, y conociendo esta comunión, se *confiesa delante de Dios*, pero suplica a los hermanos y hermanas que recen por mí, es decir busca, en esta confesión común delante de Dios, la común reconciliación.[3]

En su discurso, el prefecto demuestra la existencia de una historia permanente de *mea culpa* en la tradición cristiana.

Algo, no obstante, ha cambiado en el inicio de la época moderna, cuando el protestantismo creó una nueva historiografía de la Iglesia con el fin de mostrar que la Iglesia católica no sólo está manchada de pecados, como siempre sabía y decía, sino está totalmente corrompida y destruida, ya no es Iglesia de Cristo, sino al contrario es instrumento del Anticristo... Había nacido pues —agrega Ratzinger— una historiografía católica contrapuesta a la protestante, que se veía obligada a la apologética, "a mostrar que se ha quedado la santidad en la Iglesia" y se había "atenuado la voz de la confesión de los pecados de la Iglesia". Hoy —explica de nuevo el Cardenal— estamos en una situación nueva en la que con mayor libertad la Iglesia puede regresar a la confesión de los pecados y así también invitar a los demás a su confesión y, en consecuencia, a una profunda reconciliación.

Por último, Ratzinger resume tres criterios para entender el gesto de la petición de perdón.

El primero. Aunque en el *mea culpa* están contenidos los pecados del pasado necesariamente, porque sin los pecados del pasado no podemos entender la situación de hoy, la Iglesia del presente no puede constituirse como un tribunal que sentencia sobre las generaciones pasadas. La Iglesia no puede y no debe vivir con

[3] Las cursivas corresponden al texto publicado en *L'Osservatore Romano* del 9 de marzo de 2000, p. 8.

arrogancia en el presente, sentirse exenta del pecado e identificar como fuente del mal los pecados de los demás, del pasado. La confesión del pecado de los demás no exime de reconocer los pecados del presente, sirve para despertar la propia conciencia y para abrir el camino a la conversión para todos nosotros.

Segundo criterio. Confesar significa, según San Agustín, "hacer verdad", por ello implica sobre todo la disciplina y la humildad de la verdad, no negar de ningún modo todo el mal cometido en la Iglesia, pero también no atribuirse en una falsa humildad pecados, o no cometidos, o sobre los cuales una certeza histórica no existe aún. Tercer criterio: siguiendo una vez más a San Agustín, debemos decir que una *confessio peccati* cristiana se acompañará de una *confessio laudis.* En un sincero examen de conciencia, vemos que por nuestra parte hemos hecho muy mal en todas las generaciones, pero vemos también que Dios purifica y renueva siempre, no obstante nuestros pecados, a la Iglesia y opera cosas grandes por medios diversos. Y quien no puede ver, por ejemplo, cuánto bien fue creado en estos dos últimos siglos devastados por las crueldades de los ateísmos, por nuevas congregaciones religiosas, por movimientos laicos, en el sector de la educación, en el sector social, en el sector del compromiso con los débiles, los enfermos, los pobres. Sería una falta de sinceridad ver sólo nuestro mal y no ver el bien hecho por Dios a través de los creyentes, a pesar de sus pecados.

Respondiendo a la pregunta de un periodista, el Cardenal cita la aventura de un purpurado en los tiempos de la invasión napoleónica: "¿Miedo a Bonaparte? Si no consiguieron los cardenales, hasta ahora, destruir la Iglesia…"

El "sí" de Ratzinger al gesto del *mea culpa,* es definido por algunos como "una obra maestra del Papa".[4] Y durante

[4] Luigi Accattoli, "Il 'si' di Ratzinger, un capolavoro del Papa", en *Corriere della Sera,* 9 de marzo de 2000.

la celebración de la Jornada Jubilar, Juan Pablo II ofrecerá una disculpa por los errores cometidos por parte de los hijos de la Iglesia a lo largo de los siglos; al mismo tiempo que ofrecerá el perdón de la Iglesia por los errores sufridos y exaltará también el papel de los santos y de los mártires.

La declaración "bomba"

Dos días después de la solemne ceremonia de beatificación que vio subir contemporáneamente a los altares a dos Papas muy distintos entre sí, Pío IX y Juan XXIII, a sobrecalentar el clima eclesial y el debate internacional, llega una nueva declaración de la Congregación para la Doctrina de la Fe, que confirma la unicidad salvadora de Jesucristo y se considera una ducha fría en el camino del diálogo ecuménico e interreligioso. Es el documento del ex Santo Oficio más criticado de los últimos años, el que registrará sorprendentes y clamorosos distanciamientos incluso en el nivel eclesial, incluso de parte de cardenales y obispos en el interior de la Curia Romana.

La declaración *Dominus Iesus* no se presenta como un tratado orgánico "de la problemática relativa a la unicidad y universalidad salvadora del misterio de Jesucristo y de la Iglesia", sino que pretende volver a proponer, en síntesis, la doctrina católica. El texto pretende contrastar las ideas de algunas corrientes teológicas, sobre todo asiáticas. Y lo hace citando casi exclusivamente los textos del Vaticano II. Confirma como "actual más que nunca el grito del apóstol Pablo sobre el compromiso misionero de cada bautizado"; reafirma, con el Concilio, que la Iglesia católica "nada rechaza de cuanto es verdadero y santo" en las otras religiones. Mas advierte:

> Sobre teorías relativistas que pretenden justificar el pluralismo religioso, no sólo *de facto* sino incluso *de iure* (o de principio).[5] En consecuencia, critica las posiciones de cuantos consideran superadas verdades como, por ejemplo, el carácter definitivo y completo de la revelación de Jesucristo, la naturaleza de la fe cristiana respecto a la creencia en las otras religiones, el carácter inspirado de los libros de las Sagradas Escrituras, la unidad personal entre el Verbo eterno y Jesús de Nazareth... la mediación salvadora universal de la Iglesia, la inseparabilidad, incluso en la distinción, entre el Reino de Dios, Reino de Cristo y la Iglesia, la subsistencia en la Iglesia católica de la única Iglesia de Cristo.

Relativismo y eclecticismo teológico, se lee aun en la declaración, son la base para propuestas "en que la revelación cristiana y el misterio de Jesucristo y de la Iglesia pierden su carácter de verdad absoluta y de universalidad salvadora, o por lo menos se arroja sobre ellos una sombra de duda y de incertidumbre".

Dominus Iesus afirma que:

> Es contraria a la fe de la Iglesia la tesis acerca del carácter limitado, incompleto e imperfecto de la revelación de Jesucristo, que sería complementario a la presente en las demás religiones. La razón de fondo de esta aseveración pretendería fundarse en el hecho de que la verdad sobre Dios no podría ser concebida y manifestada en su globalidad y completada por ninguna religión histórica, por lo tanto tampoco por el cristianismo, y mucho menos por Jesucristo. Esta posición contradice radicalmente las anteriores confirmaciones de fe, según las cuales en Jesucristo se da la plena y completa revelación del misterio salvador de Dios.

---

[5] En la declaración conciliar *Dignitatis humanae*, el problema había sido afrontado en el nivel puramente práctico: todo hombre tiene derecho a la libertad religiosa, es decir, tiene derecho a no ser ni obligado ni impedido en materia de religión. Estas afirmaciones no menoscababan para nada la doctrina de la unicidad salvadora de Jesucristo.

La declaración condena además cualquier separación entre Jesús de Nazareth, entre el Cristo histórico y el Logos.

"Nos salvamos por medio de Cristo y de su Iglesia"

El documento continúa con la afirmación de que "existe una única Iglesia de Cristo, que subsiste en la Iglesia católica" y que "la plenitud del misterio salvador de Cristo pertenece también a la Iglesia, inseparablemente unida a su Señor". La afirmación de la unicidad salvadora de Cristo no significa empero que sólo quien es formal y visiblemente miembro de la Iglesia se salva, sino que cualquiera se salva, se salva por medio de Cristo y de su Iglesia, que tiene límites de acción invisibles más allá de los conocidos.

> Para aquellos que no están formal y visiblemente en la Iglesia —se lee en el documento— la salvación de Cristo es accesible en virtud de una gracia que, aunque tiene una misteriosa relación con la Iglesia, no los introduce formalmente en ella, sino que los ilumina de manera adecuada a su situación interior y ambiental. Esta gracia proviene de Cristo, es fruto de su sacrificio y es comunicada por el Espíritu Santo.[6] Se relaciona con la Iglesia la cual "tiene origen en la misión del Hijo y en la misión del Espíritu Santo, según el designio de Dios Padre".[7] Acerca del modo en que la gracia salvadora de Dios, que es siempre dada por medio de Cristo en el Espíritu Santo y tiene una misteriosa relación con la Iglesia, llega a los individuos no

---

[6] La cita está tomada de la encíclica *Redemptoris missio*, de Juan Pablo II, publicada en 1991, núm. 10.

[7] Concilio Ecuménico Vaticano II, Decreto *Ad gentes*, núm. 2.

cristianos, el Concilio Vaticano II se limitó a afirmar que Dios da "a través de vías por él conocidas".

Es claro que sería contrario a la fe católica —precisa la declaración— considerar a la Iglesia como una vía de salvación junto a aquellas constituidas por las demás religiones, las cuales serían complementarias a la Iglesia, es más, sustancialmente equivalentes a ella, aunque convergentes con ésta hacia el Reino de Dios escatológico. No obstante, confirmando un profundo respeto por las demás religiones, el documento observa: "No se puede ignorar que otros ritos, en cuanto dependientes de supersticiones o de otros errores, constituyen más bien un obstáculo para la salvación".

Con la venida de Jesucristo el Salvador, Dios ha querido que la Iglesia por Él fundada fuese el instrumento para la salvación de toda la humanidad. Esta verdad de fe nada le quita al hecho de que la Iglesia considere las religiones del mundo con sincero respeto, pero al mismo tiempo excluye radicalmente esa mentalidad indiferentista con las huellas de un relativismo religioso que lleva a considerar que "una religión es tan válida como otra".

Dominus Iesus se lee al calce antes de las firmas de Ratzinger y del Arzobispo Tarcisio Bertone ha sido ratificada por Juan Pablo II "con cierta ciencia y con su autoridad apostólica".

UNA AVALANCHA DE CRÍTICAS

El mes jubilar de septiembre, que apenas había dejado atrás semanas de discusiones sobre Pío IX, debe registrar así un nuevo resurgir de la polémica. Se lanzan contra la declaración de la Congregación los cristianos de las otras iglesias y comunidades, los hebreos, los representantes de las otras religiones. El paso doctrinal es juzgado como un retorno al pasado, en la señal de la "restauración". Un retorno al tiempo anterior al Concilio. El presidente de la Iglesia evangélica en Alemania, Manfred Dock, habla de "retroceso para la cooperación ecuménica"; Hans Küng juzga la bula como "una mezcla de retroceso medieval y megalomanía vaticana". Las explicaciones de quien hace notar que *Dominus Iesus* está llena de citas tomadas precisamente de los textos del Vaticano II no se aceptan. Incluso el presidente de la rama europea de la Trilateral, el abogado madrileño Antonio Garrigues Walter, desde las columnas del *Internacional Herald Tribune* del 23 de octubre se lanza contra el documento vaticano, sosteniendo que usa un "lenguaje ofensivo para los creyentes en otras religiones" y agrega: "Todas las religiones son presentadas a los seguidores como religiones verdaderas. Pero pocas lo han hecho con tan frío cálculo de los detalles y convicción intelectual como la *Dominus Iesus*".[8]

Diversas y fidedignas son también las posiciones distantes de parte de altos eclesiásticos, preocupados más por el tono de la declaración que por sus contenidos. El Obispo de Maguncia y presidente de la Conferencia Episcopal Alemana, Kart Lehmann, afirma públicamente que habría deseado "un texto redactado en el estilo de los grandes textos conciliares". El Cardenal Carlo Maria Marini, al presentar su carta pastoral, dice que ciertas formulaciones del documento vaticano pueden ser mal interpretadas, aunque se declara seguro de que "poco a poco las cosas se aclararán y resultará evidente que la voluntad de diálogo de la Iglesia sigue intacta". Suscitan clamor, luego, las palabras pronunciadas por el Cardenal australiano Edward Idris Cassidy, presidente del Consejo Pontificio para la Unidad de los Cristianos y de

[8] Antonio Garrigues Walker, "Il dogma della Chiesa danneggia la ricerca di una pace globale", en *International Herald Tribune*, 23 de octubre de 2000.

la Comisión para el diálogo con el judaísmo, quien desde Lisboa, donde se encuentra para participar en un mitin religioso organizado por la Comunidad de San Egidio, critica el lenguaje de la declaración. El problema, explica, es que se trataba de un documento "para la Iglesia y para nuestros teólogos, y no un documento dirigido al mundo ecuménico".

> Mucho —agregó Cassidy— depende de la prioridad que se tiene al preparar un texto. Nosotros, en la práctica ecuménica que tenemos, poseemos un oído sensible que se da cuenta de si se está atropellando algo. Ellos, en cambio —dijo refiriéndose a la Congregación para la Doctrina de la Fe— tienen un modo muy escolar para decir "esto es cierto, esto no es cierto". [9]

A la pregunta de si estaban equivocados los tiempos y el lenguaje de la declaración, el purpurado respondió: "Sí, y el modo de presentar el texto creó equívocos y ahora nosotros debemos tratar de evitar interpretaciones no precisas". Por último, Cassidy hizo notar que *Dominus Iesus* no era un documento firmado por el Papa, como en cambio sí lo era la encíclica ecuménica *Ut unum sint.*

El Obispo Walter Kasper, por entonces secretario del Consejo Pontificio para la Unidad de los Cristianos (llegaría a ser el presidente en lugar de Cassidy pocos meses después, luego de la creación cardenalicia en el consistorio de febrero de 2001), habla de un "problema de comunicación".

LA RESPUESTA DEL PAPA Y DE RATZINGER

En muchos comentarios que siguieron a la publicación de la declaración, a la cabeza se encuentra la idea de que quien

[9] Andrea Tornielli, "Cassidy: sbagliato il documento di Ratzinger", en *Il Giornale*, 26 de septiembre de 2000.

deseaba esta toma de posición doctrinal había sido la congregación, la curia "retrógrada" y "frenante", y no el Papa "ecuménico", que, antes bien, la sufría. Afirmaciones absolutamente poco generosas y falsas. *Dominus Iesus*, en efecto, fue una declaración que Juan Pablo II quiso abiertamente pues siguió muy de cerca su redacción. Por lo demás, en el apartamento papal se escuchan con sorpresa, dolor y un tanto de rabia las declaraciones portuguesas del Cardenal Cassidy.

Es raro encontrar precedentes de tomas de distancia públicas y tan claras de un Cardenal inscrito a pleno título en la Curia Romana por un documento publicado por el ex Santo Oficio.

Así, el domingo 1 de octubre de 2000, sale al descubierto directamente el pontífice. Al término de la ceremonia de canonización de 120 mártires chinos en el día en que la Iglesia festeja a Santa Teresita del Niño Jesús, patrona de las misiones, Wojtyla explica que *Dominus Iesus* fue deseada como síntesis cristológica del año jubilar y que fue "aprobada por él mismo de manera especial" para invitar a los cristianos "a renovar su fe en Cristo en la felicidad de la fe". El Papa remarca deliberadamente cuán importante le resulta la declaración, precisamente para desmentir a quien afirmó que él no compartía plenamente el contenido y la exposición. Sosteniendo que "sólo en Cristo hay salvación", dice, "no se les niega la salvación a los no cristianos".

Algunos días antes del breve discurso papal en el Ángelus, el mismo Ratzinger respondió a las principales objeciones, con una larga entrevista al diario alemán *Frankfurter Allgemeine Zeitung*. Un texto considerado importante, traducido y reproducido casi íntegramente en *L'Osservatore Romano* del 8 de octubre de 2000.

Ante todo —ataca Ratzinger— debo expresar mi tristeza y mi desilusión por el hecho de que las reacciones públicas, con excepción de algunos loables casos, ignoraron el tema verdadero de la declaración. El documento inicia con las palabras *Dominus Iesus*; se trata de una breve fórmula de fe contenida en la *Primera Epístola a los Corintios*, versículo 12: 3, en que Pablo ha resumido la esencia del cristianismo: Jesús es el Señor. Con esta declaración, cuya redacción ha seguido fase por fase con mucha atención, el Papa quiso ofrecerle al mundo un grande y solemne reconocimiento a Jesucristo como Señor en el momento culminante del Año Santo, llevando así con firmeza lo esencial al centro de esta ocasión, siempre sujeta a exteriorizaciones.

Me gustaría que no hubiese necesidad de precisar —explica el Cardenal en un pasaje sucesivo de la entrevista— que la Declaración de la Congregación para la Doctrina de la Fe sólo ha hecho suyos los textos conciliares y los documentos postconciliares, sin agregar o quitar nada.

Iluminante por su claridad es también la respuesta a la pregunta[10] relativa a las críticas del Cardenal Cassidy y del Obispo Lehmann. Ratzinger precisa, en efecto, que el dicasterio para el diálogo con los demás cristianos había participado en la redacción de la declaración.

En cuanto a la colaboración con las demás autoridades de la Curia, el presidente y el secretario del Consejo para la Unidad de los Cristianos, el Cardenal Cassidy y el Obispo Kasper, son miembros de nuestra Congregación —explica el prefecto— así como el presidente del Consejo para el diálogo interreligioso, el Cardenal Arinze. Todos ellos tienen voz en el capítulo de la Congregación como yo. De hecho, el prefecto es sólo el prime-

[10] La entrevista fue realizada por Christian Geyer.

ro entre pares y tiene la responsabilidad del desarrollo ordenado del trabajo. Los tres miembros de la Congregación que he citado han participado activamente en la redacción del documento que tantas veces fue presentado en la reunión ordinaria de los cardenales y una vez en la reunión plenaria, en la cual participan todos nuestros miembros extranjeros. Por desgracia —sigue diciendo Ratzinger— el Cardenal Cassidy y el Obispo Kasper, a causa de compromisos concomitantes, no pudieron tomar parte en algunas sesiones, cuyas fechas pese a todo les habían sido comunicadas con mucha antelación. Como quiera que sea, recibieron toda la documentación y sus votos escritos detallados fueron comunicados a los participantes, y discutidos profundamente… Casi todas las propuestas de ambas personas en cuestión fueron recibidas, porque naturalmente en el tratado de esta materia para nosotros era muy importante la opinión del Consejo para la Unidad de los Cristianos.

La verdad es siempre molesta e incomoda. Las palabras de Jesús a menudo son terriblemente duras y formuladas sin tanto tacto diplomático. Walter Kasper ha dicho con razón que el asombro que el documento ha suscitado esconde un problema de comunicación porque el lenguaje doctrinal clásico, así como se utiliza en nuestro documento por continuidad con los textos del Concilio Vaticano II, es completamente distinto del de los periódicos y de los medios de comunicación social. Pero entonces el texto se traduce, no se desprecia.

XI

La liturgia de Ratzinger

Es una de las contribuciones fundamentales que el Cardenal ha ofrecido a la meditación de la Iglesia en las últimas décadas, aun cuando entra, como tema específico, directamente en las competencias de la Congregación para la Doctrina de la Fe. Desde los años del Concilio, desde la discusión sobre la Constitución litúrgica del Vaticano II, y luego con el inicio de la reforma postconciliar que fue mucho más allá que la carta y las intenciones de los padres, Joseph Ratzinger fijó claramente consideraciones originales y a contracorriente. Es necesario aclarar, para evitar equívocos, que las posiciones del purpurado no son comparables para nada a las de los sectores tradicionalistas de los seguidores de monseñor Lefebvre: Ratzinger no pretende y nunca ha pretendido regresar, *sic et simpliciter*, a lo antiguo, no es un nostálgico aguerrido que sueña con alcanzar los altares como en el pasado y reintroducir el rito de San Pío V, en vigor hasta el Concilio. Antes bien, ha sido un precursor y un admirador del movimiento litúrgico que había precedido al Vaticano II. Aun cuando, demostrándose otra vez más liberal que muchos de sus acusadores, sostiene que nunca ha entendido por cuáles razones el antiguo rito tridentino fue abandonado tan de prisa y tan definitivamente.

San Pío v

Hablando en su autobiografía,[1] acerca de los años pasados en Ratisbona, Ratzinger explica que uno de los sucesos importantes ocurridos entonces había sido:

> La publicación del misal de Paulo vi, con la prohibición casi completa del misal anterior, luego de una fase de transición de casi seis meses. El hecho de que, después de un periodo de experimentación que a menudo había desfigurado profundamente a la liturgia, se volviera a tener un texto litúrgico relativo —explica el Cardenal—, había que recibirlo como algo sin duda positivo. Pero le asombró mucho la prohibición del misal antiguo, dado que semejante cosa nunca había ocurrido en la historia de la liturgia. Se dio la impresión de que esto era perfectamente normal. El misal anterior había sido realizado por Pío v en 1570, inmediatamente después del Concilio de Trento; era pues normal —agrega Ratzinger— que después de 400 años y un Concilio, un nuevo Papa publicara un nuevo misal. Sin embargo, la verdad histórica es otra. Pío v se había limitado a ordenar que reelaboraran el misal romano entonces en uso, como en el curso vivo de la historia había ocurrido siempre a lo largo de todos los siglos. No de manera distinta a él, también muchos de sus sucesores nuevamente habían reelaborado este misal, sin jamás contraponer un misal a otro. Siempre se trató de un proceso continuo de crecimiento y purificación, en el cual, no obstante, la continuidad

[1] Ratzinger, *La mia vita, cit.*, pp. 110-113.

nunca se destruía. Un misal de Pío v que haya sido creado por él no existe. Existe sólo la reelaboración que él ordenó, como fase de un largo proceso de crecimiento histórico.

El nuevo, después del Concilio de Trento, fue de otra naturaleza: la irrupción de la reforma protestante había tenido lugar sobre todo en la modalidad de "reformas" litúrgicas. No existían simplemente una Iglesia católica y una Iglesia protestante puestas una frente a la otra; la división de la Iglesia tuvo lugar casi imperceptiblemente y encontró su manifestación más visible e históricamente más incisiva en el cambio de la liturgia, la cual, a su vez, resultó muy diversificada en el plano local, tanto que las fronteras entre lo que era aún católico y lo que ya no lo era, a menudo eran muy difíciles de definir. En esta situación de confusión, posible por la falta de una normatividad litúrgica unitaria y por el pluralismo litúrgico heredado de la Edad Media, el Papa decidió que el *Missale Romanum*, el texto litúrgico de la ciudad de Roma, en cuanto seguramente católico, debía introducirse dondequiera que se pudiera reivindicar una liturgia que se remontara por lo menos a 200 años atrás.

Donde esto ocurría —sigue explicando el prefecto— se podía mantener la liturgia anterior, puesto que su carácter católico podía considerarse seguro. Así que no se puede hablar en absoluto de una prohibición concerniente a los misales anteriores y hasta ese momento regularmente aprobados. Ahora, en cambio, la promulgación de la prohibición del misal que había ocurrido en el curso de los siglos, desde los tiempos de los sacramentos de la antigua Iglesia, significó una ruptura en la historia de la liturgia, cuyas consecuencias sólo podían ser trágicas. Como ya había ocurrido en varias ocasiones, era completamente razonable y completamente en línea con las disposiciones del Concilio el que se llegara a una revisión del misal, sobre todo en consideración de la introducción de las lenguas nacionales. Pero en ese momento sucedió algo más: se despedazó el edificio antiguo y se construyó otro, si bien con el material del que estaba hecho el edificio antiguo y utilizando también los proyectos anteriores.

No hay duda de que este nuevo misal —observa Ratzinger en su autobiografía— implicaba en muchas partes auténticas mejoras y un verdadero enriquecimiento, pero el hecho de que haya sido presentado como un edificio nuevo, contrapuesto al que se había formado en el curso de la historia, que se prohibiera este último y de algún modo se hiciera aparecer la liturgia ya no como un proceso vital, sino como un producto de erudición especializada y de competencia jurídica, trajo consigo daños para nosotros en extremo graves. En efecto, de este modo, se creó la impresión de que la liturgia es algo "hecho", no algo que existe antes de nosotros, algo "dado", sino que depende de nuestras decisiones. En consecuencia, de ello resulta que no se reconozca esta capacidad de decisión sólo a los especialistas o a una autoridad central, sino que, en definitiva, cada "comunidad" quiere construirse una propia liturgia. Pero cuando la liturgia es una cosa que cada quien se construye, entonces no nos da su verdadera cualidad: el encuentro con el misterio, que no es un producto nuestro, sino nuestro origen y la fuente de nuestra vida.

Invitación a la tolerancia

Desde 1984 y luego con mayor decisión desde el cisma de los lefebvrianos, en 1988, Juan Pablo II concedió un indulto para permitir la celebración de misas según el antiguo rito para los fieles tradicionalistas. La aplicación de la directiva papal se confía no obstante a la sensibilidad y a la decisión última de los obispos diocesanos, quienes pueden decidir si, cuándo y cómo eventualmente conceder estas celebraciones a grupos de fieles que lo solicitan. Ocurre a menudo que los tradicionalistas se encuentran ante un "no" decidido. Recientemente, Ratzinger sostuvo:[2]

> Para una recta toma de conciencia en materia litúrgica es importante que se disipe el comportamiento de suficiencia para la forma litúrgica en vigor hasta 1970. Quienes actualmente sostienen la continuación de esta liturgia o participan directamente en celebraciones de esta naturaleza, están señalados; toda tolerancia se pierde al respecto. En la historia nunca ha ocurrido algo semejante; así, se desprecia todo el pasado de la Iglesia. ¿Cómo se puede confiar en su presente si las cosas ocurren de este modo? Para ser sincero, no entiendo tampoco, por qué tanto temor, por parte de muchos hermanos obispos, hacia esta intolerancia, que parece un tributo obligado al espíritu de los tiempos, y que parece contrastar, sin un motivo comprensible, el proceso de necesaria reconciliación en el seno de la Iglesia.

Ratzinger no cree posible ("y tampoco deseable") volver a celebrar las misas totalmente en latín.

> Yo diría que por lo menos el servicio de la palabra debe hacerse en la lengua materna: en todo caso, yo estaría a favor de una mayor apertura en cuanto al latín. Hoy el latín en la misa nos parece casi un pecado. Pero así nos cerramos incluso la posibilidad de comunicarnos entre hablantes de lenguas distintas, que es tan preciosa en territorios mixtos. En Aviñón, por ejemplo, el párroco de la catedral me contó que un domingo se presentaron de pronto tres grupos distintos, cada uno de los cuales hablaba una lengua distinta, y los tres deseosos de celebrar la misa. Así que les propuso que recitaran el canon juntos en latín, de ese

[2] Peter Seewald (a cura di), *Dio e il mondo. Intervista con Joseph Ratzinger*, San Paolo Edizioni, 2001, p. 380. El libro-entrevista había sido publicado un año antes en Alemania.

modo todos podían celebrar la misa. Sin embargo, todos rechazaron bruscamente la propuesta: no, cada quien quería imprimir un toque propio. O pensemos también en localidades turísticas, donde sería bonito reconocerse todos en algo común. Deberíamos tener presente, pues, también esto. Si ni siquiera en las grandes liturgias romanas puede cantarse el *Kyrie* o el *Sanctus*, si nadie sabe ya lo que significa el *Gloria*, entonces se ha verificado una depauperación cultural y la pérdida de elementos comunes. Desde este punto de vista, yo diría que el servicio de la palabra debería hacerse en todo caso en la lengua madre, pero debería haber una parte recitada en latín que garantice la posibilidad de reconocerse en alguna cosa que nos une.[3]

Aprender la liturgia

Las observaciones y las meditaciones de Ratzinger en materia litúrgica, dedicadas sobre todo a dos ensayos específicos (*La festa della fede. Saggi di teologia liturgica*, 1984; e *Introduzione allo spirito della liturgia*, 2001) se inscriben siempre en un contexto amplio de acercamiento al tema, en un contexto cósmico, de oración común con toda la creación.

A través de la liturgia —escribe el Cardenal—, el lenguaje de la Madre (la Iglesia) se vuelve el nuestro; aprendemos a discurrir en ella y con ella, de modo que sus palabras se vuelvan poco a poco en nuestros labios nuestras palabras: el don proveniente de la palabra, que surge de su plurimilenario diálogo de amor con quien quiso hacerse con ella una sola carne, se transforma en el don de la locuacidad, sólo en el cual yo me identifico efectiva-

[3] *Ibid.*, p. 381.

mente conmigo mismo, y devuelto, entregado así a todos los demás, a partir de Dios, y por lo tanto libre.[4] Ratzinger busca inspiración en los textos de Romano Guardini —escribe Aidan Nichols—[5] uno de los fundadores del movimiento litúrgico. Guardini insistía que una visión católica de la liturgia está ligada con la fe dogmática según la cual, no obstante la fragilidad humana de la Iglesia —a veces notable— sigue estando en ella presente el Señor encarnado. Si no nos damos cuenta de que en la Iglesia está Cristo que vive entre nosotros, no puede existir verdadera liturgia. La liturgia, en efecto, no es la simple revocación del triunfo pascual, sino su *presencia real* y, en consecuencia, la participación en el diálogo divino entre Padre, Hijo y Espíritu Santo. La Iglesia, en cuanto "comunión de los santos" de todos los tiempos y lugares, es el justo sujeto de la liturgia, que así ya no está expuesta al arbitrio de algún grupo o individuo, se trate de sacerdotes o especialistas. Cualquier creatividad que aspire a ser expresión de la autonomía humana se encuentra en el polo opuesto respecto a la creatividad litúrgica, que nace de la disponibilidad de recibir y compartir.

Apoyándose en Guardini, Ratzinger identifica las tres "dimensiones ontológicas" de la liturgia en cósmica, histórica y mistérica. Es a través de la denigración sistemática de estos elementos como se llega, según el purpurado, a la liturgia de la "autonomía" cuyas características son "el arbitrio como forma necesaria de rechazo de toda forma o norma existente; la irrepetibilidad, porque la repetición sería ya dependencia; la artificiosidad, porque debe tratarse de pura creación del hombre".[6]

---

[4] Joseph Ratzinger, *La festa della fede. Saggi di teologia liturgica*, Jaca Book, 1984, p. 30.

[5] Nichols, *Joseph Ratzinger*, *cit.*, p. 228.

[6] Joseph Ratzinger, *Liturgia e musica sacra,* en *Christus in Ecclesia cantat*, (ed.) J. Overath, Roma 1986, pp. 53-54.

Con gran libertad y coraje, el Cardenal invoca un eventual retorno a la práctica de la celebración de la eucaristía dirigida a Oriente. Y augura —veladamente, invitando a la meditación y a la reflexión, es decir, sin ninguna voluntad de dar batalla, pero al mismo tiempo con notable lucidez— un nuevo movimiento litúrgico desde abajo, que involucre a fieles, para hacer descubrir al pueblo de Dios el sentido profundo de la liturgia y recuperar el sentido de lo sagrado en tantas celebraciones donde parece que la comunidad se celebra sólo a sí misma.

> Ahora, en efecto —escribe Ratzinger,[7] el sacerdote, o el "presidente" como se prefiere llamarlo— se vuelve el verdadero punto de referencia de toda la celebración. Todo acaba en él. Es a él a quien hay que mirar, es en su acción en la que se participa, es a él a quien se le responde; es su creatividad la que sostiene el conjunto de la celebración. Es igualmente comprensible que se trate de reducir este papel que recientemente se le ha atribuido, distribuyendo muchas actividades y confiando en la "creatividad" de los grupos que preparan la liturgia, los cuales quieren y deben ante todo "llevarla a sí mismos". La atención se dirige cada vez menos a Dios y cada vez es más importante lo que hacen las personas que en él se encuentran y que no quieren someterse a un "esquema predispuesto". El sacerdote dirigido al pueblo da a la comunidad el aspecto de un todo cerrado en sí mismo. Ésta no permanece —en su forma— abierta hacia delante y hacia lo alto, sino que se cierra en sí misma. El acto con el que nos dirigíamos todos hacia Oriente no era "celebración hacia la pared", no significaba que el sacerdote "volvía la espalda al pueblo": él no era considerado tan importante. De

[7] ID., *Introduzione allo spirito della liturgia*, San Paolo Edizioni, 2001, p. 76.

hecho, como en la sinagoga todos miraban juntos hacia Jerusalén, aquí nos dirigimos juntos "hacia el Señor".

El Cardenal no pretende con esto regresar al pasado.

Nada es más dañino para la liturgia que poner continuamente todo de cabeza, aun cuando aparentemente no se trata de verdaderas novedades... Donde no es posible que todos juntos nos dirijamos hacia Oriente de manera explícita, la cruz puede servir como el Oriente interior de la fe. Debería encontrarse en el centro del altar y ser el punto al cual dirigen la mirada tanto el sacerdote como la comunidad en oración... Entre los fenómenos realmente absurdos de nuestro tiempo, yo incluyo el hecho de que la cruz se coloque a un lado para dejar libre la mirada hacia el sacerdote. Acaso la cruz, durante la eucaristía, ¿representa un estorbo? ¿El sacerdote es más importante que el Señor? Este error debería corregirse lo antes posible y esto puede ocurrir sin nuevas intervenciones arquitectónicas. El Señor es el punto de referencia. Es el sol naciente de la historia.

No a los espectáculos

Hablando de la "participación activa" en la liturgia, la fórmula que actualmente se adopta como coartada para introducirlo todo en las misas, en las celebraciones que —sigue diciendo Ratzinger— a veces degeneran en espectáculo, el prefecto agrega:

La verdadera educación litúrgica no puede consistir en el aprendizaje y en el ejercicio de actividades exteriores, sino en la introducción al *actio* esencial, que hace la liturgia, en la introducción, es decir, en la potencia transformadora de Dios, que a través del evento litúrgico quiere transformar a nosotros mismos y al mundo. A este propósito, la educación litúrgica de sacerdotes y laicos deja mucho que desear. En esto, hay mucho por hacer.

Hablando de la danza, que a menudo también forma parte de las misas-*show* de nuestra Europa, donde párrocos y sacerdotes "modernos" infligen a los fieles celebraciones que cada vez tienen menos que ver con lo sagrado, Ratzinger observa que "no es una forma de expresión de la liturgia".

En el siglo III, círculos gnósticos-docentes trataron de introducirla en la liturgia cristiana. Para ellos la crucifixión no era sino apariencia: antes de la Pasión, Cristo había dejado el cuerpo que jamás había hecho propio; por esto, en lugar de la liturgia de la cruz podía entrar la danza, dado que la cruz sólo había sido la apariencia. Las danzas culturales de las distintas religiones tienen diversas finalidades: exorcismo, encanto analógico, éxtasis místico; ninguna de estas formas corresponde la orientación interior de la liturgia del "sacrificio conforme a la palabra". Es del todo contradictorio, en el intento de hacer más "atractiva" a la liturgia, introducir pantomimas en forma de danza —donde es posible a través de grupos de bailarines profesionales—, que a menudo acaban en los aplausos (cosa, por lo demás, correcta si se hace por el talento artístico en sentido estricto). Allí, donde irrumpe el aplauso por la obra humana en la liturgia, estamos frente a un signo seguro de que se ha perdido totalmente la esencia de la liturgia y se ha sustituido con una suerte de entretenimiento de fondo religioso. Semejante atracción no dura mucho; en el mercado de las ofertas para el tiempo libre, que cada vez adopta más las formas de lo religioso para incitar la curiosidad del público, la competencia es desleal. Yo mismo he asistido a una celebración en que el acto penitencial había sido sustituido con una representación danzante que, como es obvio, concluyó con un gran aplauso; empero, ¿era posible alejarse mayormente de lo que es en verdad penitencia?

La liturgia no es un *show*, un espectáculo que necesite directores geniales y actores de talento. La liturgia no vive de sorpresas "simpáticas", "fascinantes", sino de repeticiones solemnes. No debe expresar la actualidad y lo efímero de ésta sino el misterio de lo Sagrado. Muchos han pensado y dicho que la liturgia debe ser "hecha" por toda la comunidad, para que sea en verdad suya. Se trata de una visión que ha llevado a medir su "éxito" en términos de eficacia espectacular, de entretenimiento. No obstante, de este modo se ha perdido el *proprium* litúrgico que no deriva de lo que hacemos, sino del hecho que aquí ocurre. Algo que todos juntos no podemos hacer. En la liturgia opera una fuerza, un poder que ni siquiera la Iglesia entera puede conferirse: lo que se manifiesta es lo absolutamente otro que, a través de la comunidad (que no es propietaria, sino sierva, mero instrumento) llega hasta nosotros... Para el católico, la liturgia es la patria común, es la fuente misma de su identidad: por esto mismo debe ser "predeterminada", "imperturbable", porque a través del rito se manifiesta la Santidad de Dios. En cambio, la rebelión en contra de la que fue llamada "la antigua rigidez rubricista", acusada de quitar "creatividad", arrastró a la liturgia a la vorágine del "hazlo tú mismo", banalizándola porque la degradó a nuestra mediocre medida.[8]

La reforma de la reforma

Cualquier discurso sobre la liturgia que formule alguna objeción a ciertos aspectos aplicativos de la reforma postconciliar está destinado a chocar con una general reacción bélica de los liturgistas.[9] Inmediatamente se les tilda de "tradicionalistas",

[8] Messori (ed.), *Rapporto sulla fede*, cit., pp. 130-131.

[9] A este propósito, en algunos círculos católicos americanos se comenta un chiste que dice así: "¿Saben qué diferencia hay entre un terrorista y un liturgista? La diferencia es que con el primero se puede tratar...".

como "lefebvrianos", como "anticonciliares". Estas contribuciones del Cardenal fueron tomadas con cierto fastidio en muchos círculos eclesiales.

> Algunos —declaró Ratzinger—[10] quisieran hacer creer que todas las ideas no completamente conformes con sus esquemas son un retorno nostálgico al pasado... ¡Es insoportable! Lo dicen sólo por contradecir. Hay que reflexionar seriamente sobre las cosas y no acusar a los demás de ser "partidarios de San Pío v". Es un sectarismo que ya no acepto... Cada generación tiene la tarea de mejorar y hacer más armonioso con el espíritu los orígenes de la liturgia. Y pienso que hoy efectivamente hay motivos para trabajar mucho en este sentido, y "reformar la reforma". Sin revoluciones (soy un reformista, no un revolucionario), pero se debe dar un cambio. Declarar imposible *a priori* toda mejora me parece un dogmatismo absurdo.

[10] Michel Kubler, "I pericoli che oggi minacciano la liturgia. Intervista con Joseph Ratzinger", en *La Croix*, 28 de diciembre de 2001.

XII

Ratzinger privado

Joseph Ratzinger es un típico intelectual bávaro, muy apegado a su tierra de origen. En Roma no hace mucha vida social, un poco debido al trabajo un tanto pesado y exigente. El Cardenal no frecuenta grupos, raramente acepta invitaciones a cenar (aunque en algunas ocasiones fue fotografiado durante días de campo dominicales en las colinas romanas en compañía de familiares y amigos); sobre todo no participa en los "chismes" de la Curia.

Habla varias lenguas y cuando debe hacer frente a un problema, opta siempre por verificar personalmente cuanto está dicho en el texto en lengua original, no confiando nunca —dada la delicadeza de los temas tratados y el hecho de que incluso la mínima expresión puede determinar un juicio— en los resúmenes o en las traducciones preparados por otros. Una de sus características sobresalientes es el autocontrol, es rarísimo que pierda la paciencia. Quien desea verlo, sólo tiene que esperarlo a la hora justa, alrededor de las nueve de la mañana, en la Plaza de San Pedro. Si las condiciones atmosféricas lo permiten, en efecto, Ratzinger va a la congregación a pie, llevando bajo el brazo su vieja bolsa de piel. Hay un solo periodista que ha tenido el honor de recoger día a día y año tras año sus confidencias, sus comentarios sobre los hechos más importantes, sus recuerdos, con el tácito acuerdo de no utilizarlos para sus artículos: se trata de Arcangelo Paglialunga, vaticanista del *Gazzettino di Venecia* y del *Giornale di Brescia*. El periodista, quien tiene seis años más que el Cardenal, solía hacer lo mismo con el subsecretario de Estado Giovanni Battista Montini, antes de que dejara Roma para el "exilio" milanés que le abrió el camino al pontificado.

Cardenal de su casa, iglesia y pontificado, es uno de los purpurados que se mantiene más a menudo en Roma incluso durante las vacaciones, tradicional ocasión en que otros viajan a sus países de origen.

Gran amante de la montaña, Ratzinger adora hacer largos paseos durante las vacaciones de verano, que suele pasar en compañía de su hermano en las montañas de Salzburgo o en Bressanone, en Tirolo. Con monseñor Georg Ratzinger, el Cardenal comparte una antigua pasión por la música. Durante los días festivos, él mismo se sienta al piano, instrumento de clara competencia de su hermano, compositor de música sacra de alto nivel y director del coro de Ratisbona. El amor por la música sacra se siente en numerosos ensayos dedicados por el Cardenal a este tema.

¿DIMISIONES?

Concluido ya el cuarto quinquenio en la Curia, Joseph Ratzinger ha manifestado varias veces su deseo de volver a los estudios teológicos. Cada vez que concluía un mandato quinquenal, el Cardenal hacía presente a Juan Pablo II sus exigencias. El Papa lo escuchó siempre, pero siempre le pidió que se quedara en su lugar. El 19 de septiembre de 2001, en Cernobbio, donde había intervenido en el Seminario Ambrosetti, Ratzinger hizo alusión a este deseo refiriéndose a las palabras pronunciadas por el Cardenal Carlo Maria Martini el día anterior.

> Esta vida es muy dura —dijo—, espero con impaciencia el momento en que pueda volver a escribir algún libro. Entiendo bien el deseo del Cardenal Martini, ambos somos profesores, nos hemos dedicado mucho a la meditación y volver al estado de la meditación es una cosa normal...

Ciertamente, Ratzinger aclaró su posición ante Juan Pablo II.

Donador de órganos

El 3 de febrero de 1999, el Cardenal "confesó" públicamente por primera vez que estaba inscrito en una asociación de donadores de órganos:

> Poner a disposición, espontáneamente, partes de nuestro propio cuerpo para ayudar a quien lo necesita es un gesto de profundo amor —explicó—; es lícito asociarse, espontáneamente y en plena conciencia, a la cultura de los trasplantes y de las donaciones de órganos. Por mi parte, sólo puedo decir que desde hace años di toda mi disponibilidad a donar, eventualmente, mis órganos a quien los necesite. Desde hace años estoy inscrito en la asociación y siempre llevo conmigo este documento en el cual, además de mis datos personales, está escrito que estoy disponible ante un caso de necesidad a ofrecer mis órganos para ayudar a quien

los necesitara: es un acto de amor, un acto de afecto gratuito, de disponibilidad.

Amable con el interlocutor, Ratzinger difícilmente disimula lo que piensa. Lo demuestran algunas de sus declaraciones, como la de marzo de 1977, cuando, entrevistado por el semanario francés *L'Express*, habló de reencarnación y de budismo. "La reencarnación tiene un sentido en el hinduismo, es un camino de purificación. Fuera de ese contexto, la reencarnación es moralmente cruel, porque ese eterno retorno a la vida terrenal se parece a un ciclo infernal." E, inmediatamente después: "Si el budismo seduce es porque parece una promesa de tocar el infinito, la felicidad, sin tener obligaciones religiosas concretas. Una espiritualidad erótica, de algún modo".

O como la declaración de mayo de 1998, cuando el Cardenal se confesó "desorientado" frente a la lista de las 240 celebraciones previstas para el Jubileo. O, de nuevo, la de julio de 1999, en apoyo a las palabras del Cardenal Bernardin Gantin contra la tendencia a hacer carrera de los obispos que, salvo casos excepcionales, deberían seguir en la diócesis que se les asigna: "El Obispo no puede decir estaré aquí durante dos o tres años y luego me promoverán a una diócesis más importante".

En Asís con el Papa

Por sorpresa, en enero de 2002, luego de que su nombre no se encontraba en la lista oficial de los participantes, decidió ir a Asís en el tren papal junto a los líderes de las grandes religiones mundiales. Supuestamente fue monseñor Stanislao Dziwisz quien lo convenció para que participara,[1] llamándole dos noches antes y diciéndole que Juan Pablo II deseaba tenerlo a su lado. Una presencia, la suya, que desconcertó a los críticos de la reunión interreligiosa.

Aunque el gesto —como antes en Asís en 1986— no entraba seguramente en sus planes, Ratzinger no se limitó a participar y a hacer algunas declaraciones a los periodistas durante el viaje.

Aceptó poner por escrito sus reflexiones, a petición del senador vitalicio Giulio Andreotti, director de la revista internacional *Trentagiorni*. La intervención, titulada *Lo splendore della pace di Francesco*, fue publicada en el número de marzo de 2002 en la revista citada.

> Cuando, el jueves 24 de enero, bajo un cielo preñado de lluvia, se movió el tren que debía llevar a Asís a los representantes de muchas religiones mundiales para dar testimonio y pedir por la paz, este tren me pareció como un símbolo de nuestro peregrinar en la historia. ¿Acaso no somos todos pasajeros de un mismo tren? El hecho de que el tren haya escogido como destino la paz y la justicia, la reconciliación de los pueblos y de las religiones ¿no es acaso una gran ambición y, al mismo tiempo, una espléndida señal de esperanza?
>
> Las palabras que un cristiano debe decir a quien se pone en camino hacia tales metas son las mismas que usó el Señor en la respuesta al escriba que había reconocido en el doble mandamiento que exhorta a amar a Dios y al prójimo la síntesis del mensaje testamentario de la vieja guardia: "No estás lejos del reino de Dios".

---

[1] La indiscreción fue publicada por Gianni Cardinale en *Trentagiorni*, núm. 3 (marzo de 2002), p. 17.

Para una justa comprensión del evento de Asís, me parece importante considerar que no se trató de una autorrepresentación de religiones intercambiables. No se trató de consolidar una igualdad de las religiones, que no existe. Asís —siguió escribiendo el Cardenal— fue más bien la expresión de un camino, de una búsqueda, del peregrinar por la paz que es tal, sólo si va unida a la justicia. En efecto, allí donde falta la justicia, donde a los individuos se les niega su derecho, la ausencia de guerra puede ser sólo un velo tras el cual se esconden injusticia y opresión.

Incluso antes de su conversión, Francisco era cristiano, así como lo eran sus conciudadanos. Y también el victorioso ejército de Perugia que lo arrojó a la cárcel prisionero y derrotado, estaba formado por cristianos... Y sólo después de esta experiencia le fue posible oír y entender la voz del Crucificado que le habló en la pequeña iglesia en ruinas de San Damiano la cual, por ello, se convirtió en la imagen misma de la Iglesia de su época, profundamente descompuesta y en decadencia... Sólo entonces conoció realmente a Cristo y entendió que las cruzadas no eran la vía justa para defender los derechos de los cristianos en Tierra Santa, sino más bien hacía falta seguir a la letra el mensaje de la imitación del Crucificado. De este hombre, de San Francisco, que respondió plenamente al llamado de Cristo crucificado, emana aún ahora el esplendor de una paz que convenció al sultán y pudo abatir verdaderamente las murallas. Si nosotros como cristianos emprendemos el camino hacia la paz siguiendo el ejemplo de San Francisco, no debemos temer el perder nuestra identidad: es justo entonces cuando la encontramos.

Dichas por el *Panzerkardinal* quien, según algunos de sus críticos renovó los métodos medievales al ex Santo Oficio, son palabras destinadas a tener peso.

Epílogo

UN PONTIFICADO PLETÓRICO DE SORPRESAS

El miércoles 20 de abril, a las 9 de la mañana, pocas horas después de la elección, el Papa Ratzinger pronunció su primer mensaje *Urbit et Orbi.* Lo hizo en la Capilla Sixtina, frente a 114 cardenales que lo eligieron en tiempo récord. Es un discurso importante, no de circunstancias, en el cual es muy visible la impronta del nuevo pontífice y que representa un manifiesto programático, Benedicto XVI habló en latín, como es tradición en esta circunstancia.

> En mi ánimo —dijo el Papa— conviven en esta hora dos sentimientos contrastantes. Por una parte, en el de inadecuación y de humano titubeo por la responsabilidad que ayer se me confió, en cuanto sucesor del apóstol Pedro en esta Sede de Roma, en cuanto a la Iglesia universal. Por otra parte, siento viva en mí una profunda gratitud a Dios que como nos hace cantar la liturgia, no abandona a su grey, sino la conduce a través de los tiempos, bajo la guía de quienes Él mismo eligió como vicarios de su Hijo y constituyó en pastores (cfr. *Prefacio a los apóstoles*, I).

Queridos hermanos, este íntimo reconocimiento por un don de la divina misericordia prevalece pese a todo en mi corazón. Y considero este hecho como una gracia especial que me fue otorgada por mi venerado predecesor, Juan Pablo II. Me parece sentir su mano fuerte que estrecha la mía; me parece ver sus ojos sonrientes y escuchar sus palabras, dirigidas en este momento particularmente a mí: "¡No temas!"

La muerte del Santo Padre Juan Pablo II, y los días que han seguido —continuó Ratzinger— han sido para la Iglesia y para el mundo entero un tiempo extraordinario de gracia. El gran dolor por su desaparición y el sentido de vacío que ha dejado en todos han sido templados por la acción de Cristo resurgido, que se ha manifestado durante largos días en la coral onda de fe, de amor y de espiritual solidaridad, que culminó en sus solemnes exequias.

Podemos decirlo: los funerales de Juan Pablo II fueron una experiencia realmente extraordinaria en la cual de algún modo se percibió el poder de Dios quien, a través de su Iglesia, quiere formar con todos los pueblos una gran familia, mediante la fuerza unificadora de la Verdad y del Amor (cfr. *Lumen gentium*, 1). En la hora de la muerte, confortado por su Maestro y Señor, Juan Pablo II ha coronado su largo y fecundo pontificado, confirmando en la fe al pueblo cristiano, reuniéndolo en torno a él y haciendo sentir más unida a toda la familia humana. ¿Cómo no sentirse apoyados por este testimonio? ¿Cómo no advertir el estímulo que proviene de este acto de gracia?

Sorprendido con la elección

Ratzinger habló de su elección:

> Sorprendiendo toda previsión mía, la Providencia divina, a través del voto de los venerados padres cardenales, me ha llamado a suceder a este gran Papa. Vuelvo a pensar en estas horas en todo lo ocurrido en la región de Cesarea di Filippo, hace dos mil años. Me parece oír las palabras de Pedro: “Tú eres el Cristo, el Hijo del Dios viviente”, y la solemne afirmación del Señor: “Tú eres Pedro y sobre esta piedra edificaré mi Iglesia... A ti te daré las llaves del reino de los cielos”, (*Mateo* 16, 15-19). ¡Tú eres el Cristo! ¡Tú eres Pedro! Me parece revivir la misma escena evangélica; yo, sucesor de Pedro, repito las palabras trepidantes del pescador de Galilea y vuelvo a escuchar con íntima emoción la reconfortante promesa del divino Maestro. Si ya es enorme el peso de la responsabilidad que se vuelca sobre mis pobres espaldas, tanto más lo es el poder divino con el cual puedo contar: “Tú eres Pedro y sobre esta piedra edificaré mi Iglesia”, (*Mateo* 16, 18). Eligiéndome como Obispo de Roma, el Señor me quiso como su vicario, me quiso como “piedra” sobre la cual todos puedan apoyarse con seguridad. Le pido a Él supla la pobreza de mis fuerzas, para que sea yo decidido y fiel pastor de su rebaño, siempre dócil a las inspiraciones de su espíritu.
>
> Me dispongo a emprender este peculiar ministerio, el ministerio “pedrino” —continuó Benedicto XVI— al servicio de la Iglesia universal, con humilde abandono en mis manos de la Providencia de Dios. En primer lugar, es a Cristo a quien renuevo mi total y confiada adhesión: *In Te, Domine, speravi; non confundar in aeternum!* A ustedes, señores cardenales, con

ánimo grato por la confianza de que he sido objeto, les pido me apoyen con la plegaria y con la constante, activa y sapiente colaboración.

Tras la estela del Concilio

Un importante punto programático del discurso de Ratzinger concierne a la comunión de los obispos con el Papa:

> Pido también a todos los Hermanos en el Episcopado que estén a mi lado con la oración y con el consejo, para que pueda ser realmente el *Servus servorum Dei.* Así como Pedro y los apóstoles constituyeron por voluntad del Señor un único Colegio apostólico, del mismo modo el sucesor de Pedro y los obispos, sucesores de los Apóstoles, —el Concilio lo apoyó con fuerza (cfr. *Lumen gentium*, 22)—, deben estar estrechamente unidos. Esta comunión colegial, aun en la diversidad de las funciones y de los papeles del romano pontífice y de los obispos, está al servicio de la Iglesia y de la unidad en la fe, de la cual depende en notable medida la eficacia de la acción evangelizadora en el mundo contemporáneo. Sobre este sendero, pues, sobre el que han avanzado mis venerados predecesores, pretendo proseguir también yo, únicamente preocupado por proclamar al mundo entero la presencia viva de Cristo.
>
> Tengo ante mí, en particular —afirmó Benedicto XVI—, el testimonio del Papa Juan Pablo II. Él deja una Iglesia que, según sus enseñanzas y ejemplo, mira con serenidad al pasado y no teme al futuro. Con el Gran Jubileo, se ha introducido en el nuevo milenio llevando entre las manos el Evangelio, aplicado al mundo actual a través de la fidedigna relectura del Concilio Vaticano II. Justamente el Papa Juan Pablo II brindó al Concilio el papel de "brújula" con la cual orientarse en el vasto océano del tercer milenio (cfr.

> Lett. ap. *Novo millennio ineunte*, 57-58). También en su Testamento espiritual, anotaba: "Estoy convencido de que por mucho tiempo aún les será dado a las nuevas generaciones alcanzar las riquezas que este Concilio del siglo XX nos ha legado" (17.III.2000).
>
> También yo, por lo tanto, mientras me dispongo para el servicio que es propio del sucesor de Pedro, quiero afirmar con fuerza la decidida voluntad de seguir en el compromiso de la aplicación del Concilio Vaticano II —sostuvo con determinación el Papa Ratzinger— tras la estela de mis predecesores en fiel continuidad con la bimilenaria tradición de la Iglesia. Precisamente este año celebraremos el 40 aniversario de la conclusión de la Asamblea conciliar (8 de diciembre de 1965). Con el paso de los años, los documentos conciliares no han perdido actualidad; sus enseñanzas resultan incluso particularmente pertinentes en relación con las nuevas instancias de la Iglesia y de la presente sociedad globalizada.

Es interesante notar que la afirmación precisa y fuerte de querer continuar en la línea del Vaticano II va acompañada de un ahínco que ya pertenecía a Wojtyla, es decir, que el Concilio debe leerse en continuidad con la tradición de la Iglesia y no debe considerarse como una cesura que divide en dos esa misma historia.

La atención por la liturgia

Significativo resulta además el fragmento del discurso dedicado a la eucaristía y a la liturgia. Un tema muy importante para Ratzinger, quien ciertamente se dispondrá a poner en práctica una suerte de "reforma de la reforma", no para dar pasos atrás, sino para hacer que la reforma litúrgica conciliar se aplique con rigor y el rito católico no se reduzca a un espectáculo.

> De manera particularmente significativa —dijo Benedicto XVI— mi pontificado inicia mientras la Iglesia está viviendo el especial año dedicado a la Eucaristía. ¿Cómo no acoger en esta providencial coincidencia un elemento que debe caracterizar al ministerio al cual he sido llamado? La Eucaristía, corazón de la vida cristiana y fuente de la misión evangelizadora de la Iglesia, no puede menos que constituir el centro permanente y el manantial del servicio petrino que me ha sido confiado. La Eucaristía hace siempre presente al Cristo resurgido, que a nosotros sigue dándose, llamándonos a participar en el comedor de su cuerpo y de su sangre. De la plena comunión con Él surge cada elemento de la vida de la Iglesia, en primer lugar la comunión entre todos los fieles, el compromiso de anuncio y de testimonio del evangelio, el ardor de la caridad hacia todos, especialmente hacia los pobres y los pequeños.
>
> En este año, por lo tanto, debe celebrarse con particular interés la solemnidad del *Corpus Domini.* La Eucaristía figurará al centro, en agosto, de la Jornada Mundial de la Juventud en Colonia y, en octubre, de la Asamblea Ordinaria del Sínodo de los Obispos, que se desarrollará sobre el tema: *La Eucaristía fuente y culminación de la vida y de la misión de la Iglesia.* A todos les pido que intensifiquen en los próximos meses el amor y la devoción a Jesús Eucaristía y que expresen de manera decidida y clara la fe en la presencia real del Señor, sobre todo mediante la solemnidad y lo correcto de las celebraciones.

Significativa es esta última alusión a lo "correcto" de las celebraciones litúrgicas.

> Se lo pido de manera especial a los sacerdotes —siguió diciendo— en los cuales pienso en este momento con gran afecto. El sacerdocio ministerial nació en el Cenáculo, con la Eucaristía, como tantas veces subrayó mi venerado predecesor Juan Pablo

II. La existencia sacerdotal debe tener a título especial una "forma eucarística", escribió en su última carta para el Jueves Santo (núm. 1). A tal propósito contribuye ante todo la devota celebración cotidiana de la Santa Misa, centro de la vida y de la misión de todo sacerdote.

COMPROMISO FUERTE CON EL ECUMENISMO

Uno de los puntos que ha sorprendido a quienes consideran a Ratzinger un conservador, concierne al compromiso para la unidad de los cristianos.

> Alimentados y apoyados por la Eucaristía —dijo Benedicto XVI— los católicos no pueden menos que sentirse estimulados a tender a esa plena unidad que Cristo auguró ardientemente en el Cenáculo. De este supremo anhélito del Maestro divino, el sucesor de Pedro sabe que debe encargarse de manera especial. En efecto, a él se le ha encargado la tarea de confirmar a los hermanos (cfr. *Lucas* 22:32). Con plena conciencia, pues, al inicio de su ministerio en la Iglesia de Roma que Pedro bañó con su sangre, su actual sucesor asume como compromiso primario el de trabajar sin tregua en la reconstrucción de la plena y visible unidad de todos los seguidores de Cristo. Ésta es su ambición, éste su deber. Él es consciente de que para ello no bastan las manifestaciones de buenos sentimientos. Se requieren gestos concretos que entren en los ánimos y muevan las conciencias, invitando a cada uno a esa conversación interior que es el presupuesto de todo progreso por el camino del ecumenismo.

Gestos concretos y no sólo manifestaciones de buenos sentimientos.

El diálogo teológico es necesario —dijo de nuevo el Papa— la profundidad de las motivaciones históricas de elecciones ocurridas en el pasado también es indispensable. Empero, lo que urge mayormente es esa "purificación de la memoria", tantas veces evocada por Juan Pablo II, que es la única que puede disponer los ánimos a acoger la plena verdad de Cristo. Ante Él, supremo Juez de todo ser viviente, cada uno de nosotros debe situarse, con la conciencia de que un día, ante Él, tendrá que rendirle cuentas de todo cuanto ha hecho o no ha hecho en aras del gran bien de la plena y visible unidad de todos sus discípulos.

El actual sucesor de Pedro —dijo Benedicto XVI— se deja interpelar en primera persona por esta pregunta y está dispuesto a hacer cuanto está en su poder para promover la causa fundamental del ecumenismo. Tras la estela de sus predecesores, está plenamente determinado a cultivar toda iniciativa que pueda parecer oportuna para promover los contactos y el entendimiento con los representantes de las diversas iglesias y comunidades eclesiales. A ellos, es más, envía también en esta ocasión el más cordial saludo en Cristo, único Señor de todos.

Una única tarea: la misión

Benedicto XVI indica, pues, la prioridad de la misión, del anuncio del Evangelio.

Vuelvo con la memoria, en este momento, a la inolvidable experiencia vivida por todos nosotros en ocasión de la muerte y de los funerales del llorado Juan Pablo II. Alrededor de sus restos mortales, dispuestos sobre la desnuda tierra, se reunieron los Jefes de las Naciones, personas de todo estrato social, y especialmente jóvenes, en un inolvidable abrazo de afecto y de admiración. A él miró con confianza el mundo entero. A muchos les

> pareció que esa participación, amplificada hasta los confines del planeta por los medios de comunicación social, era como una petición coral de ayuda dirigida al Papa por parte de la humanidad que, perturbada por incertidumbres y temores, se interroga sobre su futuro.
>
> La Iglesia de hoy debe reavivar en sí misma la conciencia de la tarea de volver a proponer al mundo la voz de Quien ha dicho: "Yo soy la luz del mundo; quien me sigue no caminará en las tinieblas, sino tendrá la luz de la vida" (Juan 8:12). Al emprender su ministerio, el nuevo Papa sabe que su tarea es hacer resplandecer ante los hombres y las mujeres de hoy la luz de Cristo.

Es importante esta última recomendación, que no desea marcar una distancia de su predecesor, sino del modo con que los medios masivos a menudo han presentado a Wojtyla. La atención no debe recaer en el Papa, sino en Aquél cuyo vicario es el Papa. Una alusión que recuerda el ejemplo del Papa Luciani, Juan Pablo I, figura a la cual Ratzinger se siente ligado.

Diálogo con las religiones y paz

> Con esta conciencia —explicó Benedicto XVI— me dirijo a ustedes, también a aquellos que siguen otras religiones o que simplemente buscan una respuesta a las preguntas fundamentales de la existencia y aún no la han hallado. A todos me dirijo con sencillez y afecto, para asegurar que la Iglesia quiere seguir tejiendo con ellos un diálogo abierto y sincero, en la búsqueda del verdadero bien del hombre y de la sociedad.
>
> Invoco de Dios la unidad y la paz para la familia humana —añadió el Papa Ratzinger— y declaro la disponibilidad de

todos los católicos para cooperar por un auténtico desarrollo social, respetuoso de la dignidad de cada ser humano.

No escatimaré esfuerzos y dedicación para proseguir el prometedor diálogo iniciado por mis venerados predecesores con las diversas civilizaciones, para que de la recíproca comprensión surjan las condiciones de un futuro mejor para todos.

A LOS JÓVENES

Un pensamiento final del nuevo Papa fue dedicado a los jóvenes, que tanto amaron la figura de Karol Wojtyla.

Pienso en particular en los jóvenes —concluyó Benedicto XVI—. A ellos, interlocutores privilegiados del Papa Juan Pablo II, va mi afectuoso abrazo en espera, si Dios quiere, de encontrarlos en Colonia en ocasión de la próxima Jornada Mundial de la Juventud. Con ustedes, queridos jóvenes, futuro y esperanza de la Iglesia y de la humanidad, seguiré dialogando, escuchando sus expectativas con el intento de ayudarlos a encontrar cada vez con más profundidad al Cristo viviente, al eternamente joven.

Mane nobiscum, Domine! ¡Permanece con nosotros, Señor! Esta invocación, que forma el tema dominante de la Carta apostólica de Juan Pablo II para el Año de la Eucaristía, es la oración que surge espontánea de mi corazón, mientras me dispongo a iniciar el ministerio al cual Cristo me ha llamado. Como Pedro, también yo le renuevo a Él mi incondicional promesa de fidelidad. Sólo a Él pretendo servir dedicándome totalmente al servicio de su Iglesia.

En apoyo de esta promesa invoco la materna intercesión de María Santísima, en cuyas manos pongo el presente y el futuro de mi persona y de la Iglesia. Intervengan con su intercesión también los Santos Apóstoles Pedro y Pablo y todos los Santos.

El pontificado "de transición" de Joseph Ratzinger, el anciano hijo del gendarme bávaro y que por un cuarto de siglo fue guardián de la doctrina católica, nos sorprenderá. Será un Papa que, en la firmeza de los principios doctrinales, realizará reformas significativas.

Benedicto XVI. El custodio de la fe se terminó de imprimir en mayo de 2005, en Grupo Caz, Marcos Carrillo 159, Col. Asturias, C.P. 6580, México, D.F.